青春文庫

9割が答えに詰まる

日本史の裏面

歴史の謎研究会［編］

青春出版社

はじめに

日本史は、意外な事実と謎の宝庫。教科書でおなじみの基礎常識も、小説・ドラマでおなじみのヒーローの周辺も、少し掘り下げるだけで、知られざるエピソードや気になる疑問に行き当たります。

たとえば、飛鳥時代、遣隋使が中国に派遣されたことは、みなさん、よくご存じでしょうが、その通訳は誰がつとめたのでしょうか？　あるいは、幕末のヒーロー・坂本龍馬が革のブーツを履いていたことは有名ですが、龍馬は、それをどうやって手に入れたのでしょうか？

他にも、「古墳のある場所に、蛾がよく集まる理由は？」「生類憐みの令の時代に、犬を大事にしなくてもよかった場所とは？」「鬼平（長谷川平蔵）がもうひとつ出世できなかった理由は？」などなど、本書には、面白く、かつ話のタネになるような日本史に関する話を満載しました。そうした本書で、教科書や正史ではわからない私たちの国の「素顔の歴史」を振り返っていただければ幸いに思います。

２０２３年12月

歴史の謎研究会

9割が答えに詰まる日本史の裏面■目次

① 古代 …… 13

2 鎌倉・室町

④ 江戸

目　次

5 幕末

6 明治・大正・昭和

図版■ハッシィ
DTP・系図■フジマックオフィス

古代

邪馬台国との
貿易をめぐる
魏の損得勘定とは？

1

This book collects a series of
behind-the-scenes incidents
from Japanese history.

伝説の人物「徐福」は、本当に日本にやってきたのか？

徐福《じょふく》は、歴史の教科書には登場しないが、古代史マニアにはよく知られている名。実在したとすれば、日本と中国を結んだほぼ最初の人物といえる。

司馬遷《しばせん》の『史記』によると、徐福は秦の始皇帝の命を受け、３０００人の「童男童女」と「百工」を連れて、「東方の三神山」に不老不死の霊薬を探しに船出したという。これが、紀元前３世紀頃、日本の弥生時代に当たる時代のことだ。

徐福は、中国でも以前は伝説上の人物とされ、実在しないと考えられていた。ところが、１９８２年になって、中国江蘇省《こうそしょう》の徐阜《じょふ》という村が、かつては「徐福村」と呼ばれていたことが判明。その後、徐福は実在したのではないか、という見方が強まった。

一方、日本各地には、徐福を祀る神社が点在し、「焼き物の技術をもたらした」「捕鯨の技法を伝えた」「織物の技術を持ち込んだ」など、いろいろな技術を日本に持ち込んだという話が伝わっている。

さて、徐福伝説が事実だとしよう。すると、興味深いことが浮かび上がる。水田稲作との関係だ。

稲自体が伝わったのは、より古い時代のことだが、日本で本格的な水田稲作が始まるのは、弥生時代中期以降のこと。それは、時代的に徐福伝説とほぼ一致するのだ。しかも、『史記』によれば、徐福は「五穀の種」を持っていたという。この五穀のうちのひとつが、稲であった可能性は高いといえる。

ただし、『史記』の記述には、いささか怪しいところもある。なぜ、不老不死の霊薬探しに、童男童女＝若い男女3000人を連れていかなければならなかったのか。百工＝多くの技術者が必要なのか。これはもう、最初から移住を目的とした脱出劇だったのではないか。少なくとも『史記』には、徐福は中国には戻らず、「平原広沢の王」になったと、記されている。

そうした記述は、日本で水田稲作が本格的に始まった時期に、大陸から多くの「渡来人」がやってきて住み着いたという事情と一致する。

また、『史記』には、徐福が「王になった」というくだりがあるが、そこから徐福が「王」になったのは日本であるという説もあって、そうなると徐福は米や焼き物以上のものを、日本にもたらしたことになる。

中国の王朝から「漢委奴国王」の金印をもらったのはそもそも誰？

江戸時代後期の天明4年（1784）、博多湾の沖合にある志賀島《しかのしま》で、甚兵衛という農民がたまたま発見した金印。それが、今では日本の国宝になっている。その理由は、そこに「漢委奴国王《かんのわのなのこくおう》」と彫られていたからだ。

この金印が、中国の漢王朝から〝日本〟に贈られたものだ、ということについては、大方の見方が一致している。しかし、日本の誰が授かったものなのか、ということに関しては、いくつかの説がある。

まずは、「委」が「倭」と同字であると解釈する説。その場合、「委奴国」とは「倭国」のことであり、ヤマト政権ということになる。

また、「漢の委の奴の国」と読めば、この金印は「奴の国」、つまり福岡の旧那珂郡付近にあった「奴国」に贈られたということになる。

また、「委奴」は「いと」とも読める。すると、福岡県の旧怡土《いと》郡付近にあった「伊都国」に対して贈られたということになる。

いずれであるかは、日本の古代史を解明するうえで、重要な意味を持つ。まず、ヤマト政権に贈られたものなら、当時すでに九州北部を支配下に収める一大勢力に発展していたわけだし、「奴国」「委奴国」だったら、逆に単独で中国と交渉を持つような勢力が、九州にあったことになる。

そもそも、なぜ、この金印が博多湾の小島から発見されたのかも謎だ。しかも、ただ埋もれていただけでなく、三つの石に囲まれるようにして置かれ、その上に大きな石がかぶせてあったという。つまり、大陸式の墳墓のようなかたちで、わざわざ埋めてあったのだ。

『魏志』倭人伝にあるように、当時の日本では、邪馬台国が成立するまで、さまざまな国が乱立して抗争を繰り返していた。自国の衰亡を目前にした権力者が、大切な金印が敵国に渡ることを恐れて、島に移して埋めたと、推測する研究者もいる。

邪馬台国との〝貿易〟をめぐる魏の損得勘定とは？

邪馬台国の女王・卑弥呼は、中国北方をおさめていた魏に朝貢していたと、『魏志』倭人伝には記されている。一方、当時の日本には、まだ文字で記録する文化がなかったので、日本側の史料は残っていない。

『魏志』倭人伝によると、卑弥呼が貢いだ品物は、水晶の玉、錦、弓矢、そして「生口《せいこう》」と呼ばれる奴隷などだったという。これに対して、魏王が贈ったものは、銅鏡、錦、真珠などだった。

この〝取引き〟、どちらがトクだったのか？ 当時の文献を細かく読んでいくと、卑弥呼が献上したものの、何倍も価値のあるものが、魏王から下賜されていた、といえそうだ。つまり、この貿易はずいぶん不均衡だったのだ。

むろん、そのような不均衡が生じたのは、魏にはモノが十分にあり、周辺国から物資を貢いでもらう必要がなかったからだろう。

現代でも、食事をおごるほうが立場が上であって、おごられるほうは立場が弱い。それと同じで、文化の進んだ自分たちが、後進国に対して、さまざまな〝優れた〟モノを下賜することで、魏は優位な立場を国内外に示していたのだ。

一見〝不均衡〟に見えるこの貿易問題、魏にとっては、周辺国に対する優位性を確認するというメリットがあり、邪馬台国にとっては、大陸の大国から貴重な物品を賜ることで、こちらも自国内の他勢力に権威をみせつけることができる。どちらにとってもメリットが多い関係だった、といえそうだ。

「纏向遺跡」って、どんな遺跡？

邪馬台国畿内説に立つと、その最有力候補地とみられる古代遺跡が、奈良県桜井市にある。

桜井市は奈良県中部にあって、縄文時代や弥生時代の土器のかけらが、普通の畑からも出土する古い町。同市には卑弥呼の治めた古代都市ではないかと注目される纒向《まきむく》遺跡が、三輪山の北西麓一帯に広がっているのだ。

ＪＲ桜井線の巻向駅から西に広がる田園地帯は、古代、巻向川を中心とする扇状地だった。

その約1キロ四方の地域に、卑弥呼の墓ではないかとみられる箸墓《はしはか》古墳があり、その近くには、ヤマト政権の実質的な創始者とされる崇神《すじん》天皇陵（行燈山《あんどんやま》古墳）や景行《けいこう》天皇陵（渋谷向山《しぶたにむかいやま》古墳）が分布している。

それらの遺跡は、ここに強力な王権があったことを指し示している。

たとえば、農業用の大型水路を切り開くという本格的な土木工事が行われ、宮殿の排水施設とみられる導水施設が整備された跡があり、集落の周囲には柵がめぐらされていた。本格的な都市計画が行われた痕跡が各所に残っているのである。

出土した土器も約2割は他国産で、その産地は尾張国や伊勢国など、東海地方を中心に九州や関東まで広がっている。

そのことは、この地に日本各地から土器が貢納されたことの証拠と考えられる。各地の小国家がヤマト政権に服属し、土器などを貢納したと推測されるのだ。

邪馬台国畿内説では、この纒向遺跡に邪馬台国が栄え、ヤマト政権の創始者とされる崇神天皇によって邪馬台国が滅ぼされたか、平和裏に支配権が移行したかのいずれかだったと考えられている。

どうして、古墳のある場所には蛾がよく集まるのか？

古墳といえば、「古代の天皇や貴族のお墓」というイメージがある。だから、その数はそう多くはないと思っている人が多いのではないだろうか。たしかに、天皇や貴族と関係する大型古墳の数はさほど多くはないが、中小の古墳を含めると、その数は驚くほどに多い。

日本には、九州から北海道まで、列島のいたる所に古墳があり、文化庁が把握しているだけでも、その数は16万基を超えている。

むろん、ほかにも未知の古墳が眠っている可能性は高い。もしかすると、あなたが住んでいる土地も、昔は古墳だったかもしれない。そう聞けば、「ちょっと調べてみようかな」という気になるかもしれないが、あなたが住んでいる土地に「蛾」

がたくさんいるようなら、まずは土地の歴史を調べてみるといい。「古墳ではよく蛾を見かける」という古墳学者や古墳愛好家が多いからである。

なぜ、古墳には蛾が多いのだろうか？　理由は単純で、古墳の環境が、蛾の暮らしに適しているからだ。

この古墳の玄室内の温度は、奈良県葛城市の千塚《せんづか》古墳群を例に説明してみよう。

日でも、玄室内の温度は、年間を通してほとんど変わらず、30℃を超える真夏中はひんやりと涼しいのだ。玄室内の温度は14℃くらいまでしか上がらない。夏のあいだでも、古墳の中はひんやりと涼しいのだ。それが蛾を古墳に引き寄せる理由である。

蛾の中には暑い夏の間、冬眠ならぬ「夏眠」するものが少なくない。夏眠の習性をもつ蛾にとって、夏でも気温の上がらない古墳は、格好の〝避暑地〟なのである。

ヤマトタケルノミコトは実在したのか？

『古事記』や『日本書紀』によると、ヤマトタケルノミコトは、第12代景行天皇の子で、第14代仲哀天皇の父とされている。

記紀の記述から、その人生を振り返ると、彼は若い頃、父の命令に従わない兄の手足をもいで殺してしまうほど、荒々しい性格だった。天皇はその粗暴さと力を恐れて、彼に熊襲征伐を命ずる。熊襲は、九州の日向、大隅、薩摩の3か国に勢力を広げていた部族で、ヤマト政権に服していなかった。

彼は熊襲に乗り込み、熊襲建《クマソタケル》兄弟を殺害する。そのさい、熊襲建の弟から「ヤマトタケルと名乗るがよい」といわれ、以後、そう名乗るようになった。

その後、ヤマトタケルは九州からの帰路、出雲に寄って出雲建を滅ぼし、ヤマトに凱旋帰国する。ところが、帰国後すぐに、今度は東征を命じられ、伊勢神宮で、叔母の倭比売《やまとひめ》から剣と皮袋を与えられた後、駿河まで行って一戦を交える。劣勢になったとき、叔母からもらった剣で草を刈り、皮袋から取り出した火打石で火を放って窮地を脱したという。そのエピソードが、現在も静岡県に残る「草薙」と「焼津」の地名の由来となっている。

その後、「日高見国《ひたかみのくに》（一説では、現在の岩手県内にあった蝦夷の国）」まで遠征し、征服するが、その帰途、今の滋賀県の伊吹山の荒ぶる神と戦い、命を落としたという。

というように、ヤマトタケルは、記紀ではヤマト政権の初期に活躍した皇族であり、武将とされるが、記紀には矛盾する記述も数多くあるところから、歴史学者の津田左右吉は「ヤマトタケルノミコトは、ヤマト政権の征服戦で活躍した数人の武将を統合した架空の人物」という説を唱え、今もこの説が広く支持されている。

伝説の皇后・神功皇后をめぐるエピソードの真偽は?

記紀によると、仲哀天皇（ヤマトタケルノの子）は、2世紀に即位した第14代天皇。その崩御は、神功皇后の神託を信じなかった祟《たた》りとされている。

記紀によれば、仲哀天皇8年（199）の9月5日、天皇と神功皇后は、香椎宮《かしいぐう》（今の福岡市）で、熊襲征伐のための作戦会議を開いた。そのさい、神功皇后は突然神懸かりとなり、「西方に国があり、輝くばかりの財宝がたくさんあるので、まずその国を討て」と託宣する。その国とは、朝鮮半島の国のことだったとみられる。

ところが、仲哀天皇は「西方を見ても、海ばかりで国は見えない」と、その神託を信じなかった。さらに、「どこの神が、この私をあざむこうとしているのか」と神を疑った。『古事記』によれば、その言葉を発した直後、『日本書紀』によれば、それから5か月後の翌200年2月6日、仲哀天皇は崩御したという。

さらに、神功皇后は天皇崩御の直後、再び神懸かりとなって、「その国をお前のお腹の子供に授けよう」という神意を聞く。そこで、皇后は自ら軍を率いて、海峡を渡ることを決意し、出兵に先立って、天地の神々に航海の安全と戦勝を祈願する。すると、また神のお告げがあり、潮流を自由に変えることのできる「干珠《かんじゅ》」と「満珠《まんじゅ》」の二つの珠を授けられた。

皇后が率いる軍は、朝鮮半島近海で、新羅《しらぎ》の軍船と遭遇。さっそく神から授かった「干珠」を海水につけると、みるみる潮が引き、新羅の軍船は自由を失った。さらに、反撃してきた新羅軍に対して、今度は「満珠」をつかうと、潮が満ち、それが大波となって新羅の国土を襲った。これで、新羅王は、神功皇后の力を恐れて降伏。百済《くだら》、高句麗も戦わずして降伏を申し出た。

皇后は凱旋後、二つの珠を海に沈める。すると海中から二つの小島が浮かびあがったと伝えられる。

というように、記紀は伝えているが、こうした神功皇后をめぐる伝説は、後世の創作という見方が一般的だ。後に、朝鮮半島に遠征軍を送った推古、斉明《さいめい》、持統という女帝をモデルに創作されたという説が有力視されている。

古代の怪人・武内宿禰って、どんな人？

記・紀によると、武内宿禰《すくね》は古代、300歳くらいまで生き、5代にわたる天皇に仕えたとされる人物。第12代の景行天皇から、成務天皇、仲哀天皇、応神天皇、仁徳天皇まで、5代の天皇に仕え、その期間はじつに244年におよんだという。そこで、彼をめぐる話は、複数の人物の事績を一人にまとめたものではないかと考える専門家もいる。

『日本書紀』によると、宿禰はまず神功皇后の遠征や応神天皇即位に深く関わっている。前述したように、仲哀天皇の熊襲征伐のさい、神功皇后の口を借りて神の声を聞くが、そのさい、宿禰は審神者《さにわ》という役を務めた。

その後、妊娠中の皇后が新羅に勝利し、日本に帰ってから生まれたのが、応神天皇である。ただ、応神天皇は、すぐに天皇になれたわけではなかった。母親が異なる二人の皇子がいて、皇后が大和に入るのを阻止しようとしたのだ。そこで、宿禰が戦って勝ち、皇后の産んだ皇子を即位させた。

現代の歴史学では、そもそも神功皇后は実在せず、朝鮮への出兵も伝説にすぎないとされる。実際、『日本書紀』にある朝鮮出兵の話は、ファンタジー色が濃厚だ。その一方で、帰国後の皇子たちとの戦いの場面は、かなり具体的になる。

そのことから、前半はフィクションである一方、後半は、実際に起きた皇位継承をめぐる内戦で、武内宿禰は新政権の応神朝成立の功労者だったのだろうという説が有力だ。

また、『古事記』によると、宿禰は、古代豪族の葛城氏、平群《へぐり》氏、蘇我氏などの祖先ということにもなっている。

大陸からの「渡来人」は、実際、どのくらいいた？

古代日本には、大陸から「渡来人」が移住してきた。時期で言うと、古くは縄文時代から、奈良時代まで。その間、大きな〝波〟が何度かあり、トータルでは、かなりの人数が日本にやって来た。

しかし、当時は国境もなければ入出国管理もない。正確な人数はわかるはずもないので、さまざまな側面から推定するしかない。

まず、遺跡の数を年代順に調べていくと、当時の日本の人口の増加ペースが推定できる。その増加のスピードが、自然増と考えられるペースよりも、著しく速ければ、〝外〟からやって来た人々が多かったと考えることができるわけだ。

この方法によって、「100万人以上が渡来した」と推定する研究者もいるが、あながちあり得ない数字ではない。少なく見積もる学説でも、5〜10万人は渡来したとみている。

飛鳥時代になると、さまざまな記録から、渡来人の実態がかなり明らかになってくる。5世紀から6世紀にかけて渡来した人たちには、三つの主なグループがあった。

まず、秦氏《はたうじ》は、新羅から来た弓月君《ゆづきのきみ》を祖とする氏族。養蚕《ようさん》、機織《はたお》り、酒造、金工などを日本に伝えたといわれる。なお、氏族といっても、構成メンバーのすべてが血縁というわけではない。出身地が同じで、同じ文化をもったグループというほどの括《くく》りだ。

東漢氏《やまとのあやうじ》は、百済から渡来した阿知使主《あちのおみ》を祖とする氏族。製鉄、土器などの技術をもたらした。

西文氏《かわちのふみうじ》は、王仁《わに》を祖とする氏族で、記紀によれば、日本に文字をもたらしたとされる。

では、その時期の渡来人はどのくらいいたのだろうか。残念ながら総数に関する記録は残っていないが、たとえば、秦氏の長が、分散していた一族1万8000人超を統率することになった、などの記録から類推すると、当時の日本の中心地近辺では、相当の比率の渡来人が占めていたことは間違いないようである。

いつごろ、どうやって「文字」は日本に伝わった？

日本に文字をもたらしたのは、前項でも述べたように、王仁《わに》という渡来人と言われている。『古事記』によれば、王仁は百済の賢者だったという。「百済に賢人がいるのであれば献上せよ、という（応神天皇の）命を受け、百済は和邇吉師《わにきし》という人物に、論語十巻と千字文一巻を持たせて献上した」と記され、そのさい、日本に初めて文字が伝わったとされている。4～5世紀のことだ。

しかし、この説には、いくつか疑問点がある。まず、「和邇（『日本書紀』では「王仁」と記される）」が持ち込んだ「千字文」という文書だ。これは、中国で子供に漢字を教えるためにつくられた長詩で、千文字の異なった文字で森羅万象について述べたものだというのだが、成立したのは6世紀初頭。つまり、王仁が渡来したときには、まだできていなかった。ということから、王仁は実在の人物ではないと唱える研究者もいる。

また、2〜3世紀の卑弥呼の時代から、倭の国々はたびたび中国王朝に朝貢していた。国交があった以上、使者がすべてを口頭で伝言していたとは考えにくく、文書のやりとりがあった可能性が高い。となると、一般人には浸透していなくても、少なくとも外交に関わるような知識人レベルでは、すでに文字を使用していたと考えられるのだ。

事実、4世紀より以前の遺跡からも、文字らしきものがいくつか出土している。たとえば、長野県の根塚遺跡から出土した「大」と刻書された土器は3世紀後半のものとみられるし、三重県の貝蔵遺跡から出土した「田」と墨書きされた土器は2世紀後半のものと推定される。とはいうものの、「大」「田」などはいずれもシンプルな形なので、文字ではなく〝なんらかの記号〟だった可能性も否定できない。

「遣隋使」は、誰が通訳をつとめていたのか？

遣隋使の目的のひとつは、先進国である隋の文化や制度を学んで、日本に持ち帰ることだった。

遣隋使がどのくらいの規模で行われたのかは記録に残っていないが、後の遣唐使が1回の派遣で500名前後のことが多いので、ほぼ同じくらいと考えていいだろう。といっても、その4〜5割は、船の漕ぎ手であったとみられる。

では、残りの人員はどのような人たちだったのか。主には、留学生《るがくしょう》や留学僧、その他には、医師や技師らが大陸の技術を吸収するために渡っていった。

なお、当時の僧は単なる宗教家ではなく、さまざまな分野に関しての知識をもつ知識人としての役割を期待されていた。彼らの中国滞在期間をみると、倭漢直《やまとのあやのあたい》福因《ふくいん》が15年、さらには日文《にちもん》が24年、請安《しょうあん》、玄理《げんり》がともに32年と長期間にわたって滞在している。

ところで、当時は漢字が日本に伝わってまだまもない時代。いかに遣隋使が〝インテリ集団〟といっても、誰もが〝外国語〟を自在に操れるわけではなかっただろう。

当然、外交的な使者には通訳が欠かせなかったはずで、通訳は渡来人やその2世などが受け持っていたようだ。607年の遣隋使では、「鞍作福利《くらつくりのふくり》を通事《おさ》とした」

などと氏名も記されているから、通訳といっても、今でいう学者くらいの地位は与えられていたとみられる。

小野妹子は、隋から帰ったあと、どうなった？

小野妹子といえば、「遣隋使」として有名な人物。「日の出る国の天子から、日の没する国の天子に手紙を差し上げる」という聖徳太子の親書を隋に持参した人物だ。では、その妹子は、隋から帰った後、どうなったのだろうか？

妹子が隋へ派遣されたのは６０７年のことで、翌年、帰国している。ところが、妹子は帰国途中の百済で、隋の皇帝から託された返書を強奪されている。妹子の帰国後、天皇の側近たちはそれに激怒し、妹子は返書紛失という罪に問われ、流刑に処せられることになった。

しかし、当時の推古天皇が、流刑取り消しの勅を発して、最悪の事態は免れた。同天皇が妹子を許した理由は、「確かに隋の返書を紛失したという罪がある。しかし、安易に罰してはならない。隋から来ている答礼使に聞かれてもまずい」というものだった。

妹子は、そうして流刑を免れた後、もう一度、隋へ派遣される。今度は、大きな失敗もなく帰国。その功績が認められて「大徳」という地位に昇進する。「大徳」とは、冠位十二階の第一位で、妹子は、官吏として最高位まで昇りつめたことになる。

法隆寺の五重塔が1300年間、一度も倒れなかったのは?

法隆寺の五重塔は、世界一古い木造建築。その建築年にはいくつかの説があるものの、約1300年にわたって、倒壊することなく現在に至っている。

法隆寺の五重塔が一度も倒壊しなかったのは、その構造に理由がある。一つは、鉄釘を1本も使わず、純粋に木だけで造られているからだ。鉄釘は腐食しやすいので、木造建築に鉄釘を使うと、長い時間の間には腐食し、木材同士の接合力が落ちるし、木材そのものも腐食させていく。五重塔の場合、鉄釘を使っていないので、腐食をおさえられたのだ。

また、地震多発国の日本では、木造建築が最も長持ちする。石造建築は弾力に乏しく、大地震にあうと、崩壊してしまうのだ。その点、木材は弾力があるので、地震の揺れを吸収するため、倒壊しにくいのだ。

五重塔の中心である柱の構造も、重要だ。芯となる1本の心柱《しんばしら》が、地中深くまで打ち込まれ、その柱の上には九輪《くりん》と呼ばれる装飾物が置かれている。九輪の重さは7トンにも達するが、そんな重いものが建築の頂上にあれば、バランスが悪くなり、倒壊しやすいかというと、実際には逆になる。

法隆寺の五重塔の場合、重心を上に持っていくことで、バランスを保っているのだ。九輪の部分はつねに30〜40センチは揺れていて、これにより外からかかってくる力を逃がしつづけている。強風や地震のときも、大きく揺れることで建物にかかってくる力をそらすことができるのだ。

これは、現代の高層建築の上階が、地震に対して揺れることで、地震に対する耐久力を強めているのと同じこと。五重塔は、その意味で、現代に通じるハイテク建築でもあったのだ。

石舞台、酒船石…飛鳥の奇妙な巨石に刻まれた謎とは？

奈良県の明日香村には、謎につつまれた史跡が数多く残されている。明日香村役場近くにある石舞台古墳も、その一つである。

日本最大級の巨石の石組が露出し、その形や、昔、キツネが女に化けて舞ったという伝承から「石舞台」と呼ばれている。一説には、蘇我馬子《うまこ》の墓だったともいわれる。

この石舞台には、長さ11・5メートルの羨道《えんどう》（遺体の埋葬される玄室に向かう天井のない低く、狭い通路）があり、床には割石《わりいし》が敷かれている。さらに、四壁に沿って排水溝があることから、横穴式の石室で、かつては石棺が入っていたとも考えられるのだ。

また、近くに馬子の庭園があったことや、飛鳥時代、これだけの墓を造れるのは馬子以外に考えられないことなどが、馬子の墓説の根拠とされている。盛り土の上部がはがされ、墓が暴かれた痕跡があるのは、蘇我氏に対する懲罰だったのではないかと考えられている。

さらに、『日本書紀』の推古天皇34年（626）五月の条に、「大臣薨《みう》せぬ。仍《よ》りて桃原墓《ももはらのはか》に葬《はぶ》る」とあり、この大臣とは馬子のことを指している。そこから、石舞台古墳は桃原墓ではないかとされるのだ。

また、飛鳥寺の近くには、長さ5・3メートル、最大幅2・27メートルの奇妙な石がある。

その表面には、幾何学模様のような数個のくぼみと溝が彫られているが、その巨石も何に使われたのか不明である。

酒や油をしぼった道具ではないかという説から「酒船石《さかふねいし》」と呼ばれているが、近くに水を引いたとみられる土管や石の樋も見つかっていることから、庭園施設の一部とか、薬をつくる道具ではないかという説などがある。

さらに、亀形や小判形をした石もあり、これらは水槽として水を貯めたのではないかとみられているが、やはり詳しいことはわかっていない。

蘇我氏がわざわざ丘の上に大邸宅を建てた理由は？

奈良盆地の南東部、橿原《かしはら》神宮から飛鳥坐《あすかにます》神社、高松塚古墳の一帯を「飛鳥」と呼ぶ。

現在、その辺りは明日香村となっているが、694年の藤原京遷都まで、何度も都が置かれた場所で、村内の至るところに古墳や史跡が散在している。飛鳥の里を見下ろす標高148メートルの「甘樫丘《あまかしのおか》」も、丘全体が「国営飛鳥歴史公園甘樫地区」に指定されている。

甘樫丘は、644年、蘇我蝦夷《えみし》と入鹿《いるか》父子が大邸宅を構えた場所である。

6世紀後半から7世紀前半にかけて、蘇我氏は、馬子・蝦夷・入鹿の三代にわたって権力をほしいままにしていた。大王（天皇）をないがしろにし、甘樫丘に大邸宅を建てたのも、大王の宮殿を見下ろすためだったと考えられている。しかも、蝦夷の邸宅を「上の宮門《みかど》」、入鹿の邸宅を「谷の宮門」と呼ばせていた。

■蘇我氏系図

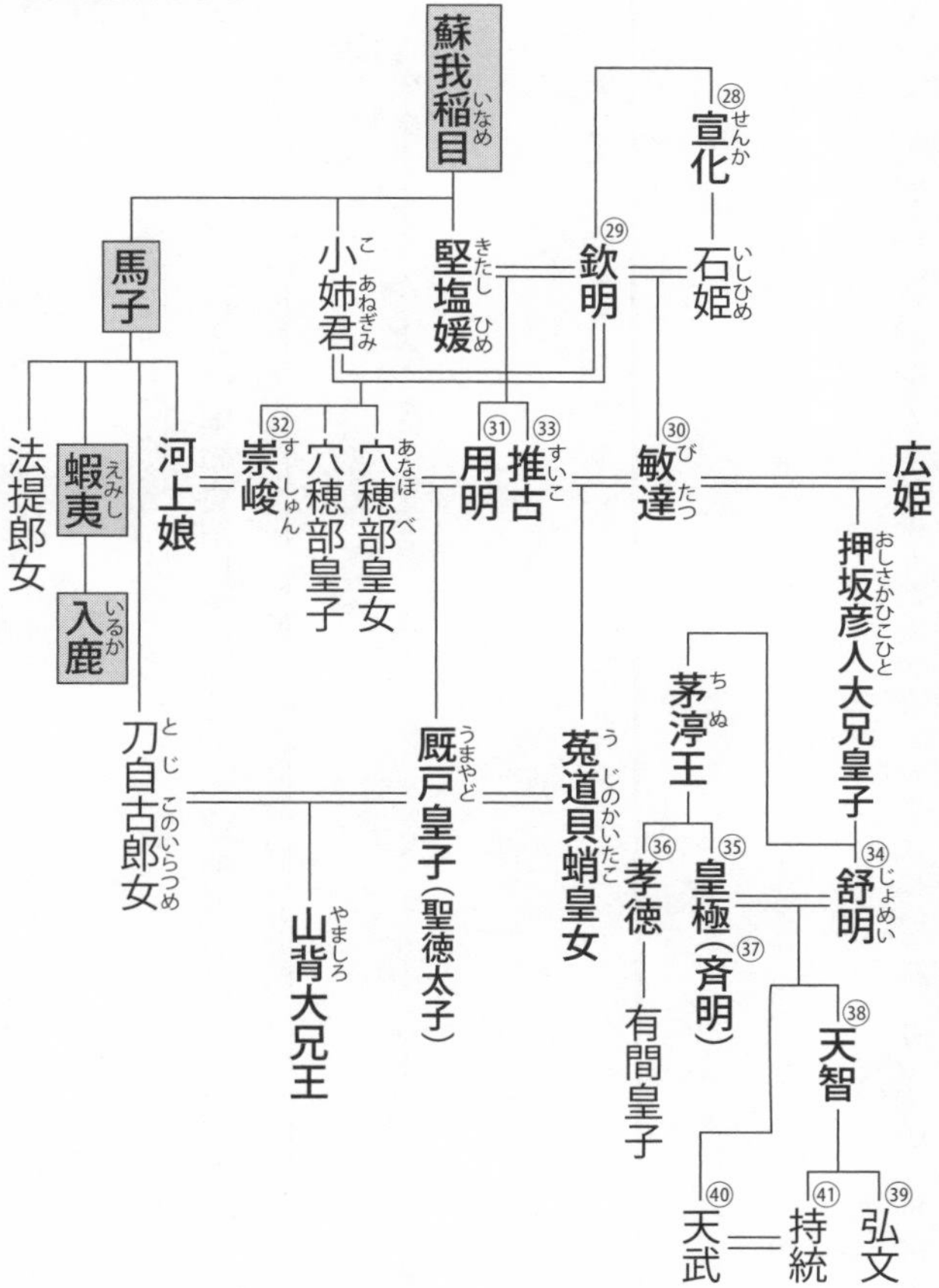

蘇我稲目《いなめ》
㉘宣化《せんか》
馬子
小姉君《こあねぎみ》
堅塩媛《きたしひめ》
㉙欽明
石姫《いしひめ》
法提郎女
蝦夷《えみし》
入鹿《いるか》
河上娘
㉜崇峻《すしゅん》
穴穂部皇子
穴穂部皇女《あなほべ》
㉛用明
㉝推古《すいこ》
㉚敏達《びたつ》
広姫
押坂彦人大兄皇子《おしさかひこひと》
茅渟王《ちぬ》
刀自古郎女《とじこのいらつめ》
厩戸皇子《うまやど》（聖徳太子）
菟道貝蛸皇女《うじのかいたこ》
山背大兄王《やましろ》
㊱孝徳
㉟皇極（㊲斉明）
㉞舒明《じょめい》
有間皇子
㊳天智
㊵天武
㊶持統
㊴弘文

さらに、その邸宅の周囲には城柵がめぐらされ、兵士が常駐していた。武器庫も置かれていた。

つまり、この蘇我氏の本拠地は、政敵による襲撃に備えた山城のような造りだったのだ。また、当時は、中国の唐が拡大路線をとって朝鮮半島に緊張が走っていた。蘇我氏はその情報をキャッチし、外敵に備えて築いたともいわれている。

なお、蘇我氏がこの大邸宅を建てた翌年の645年、入鹿は、中大兄皇子や中臣鎌足らのクーデターによって暗殺され、蝦夷も自殺して、大邸宅は主を一挙に失うことになった。

日本の超能力者の元祖、役小角ってどんな人?

役小角《えんのおづぬ》は、日本の〝超能力者〟の元祖ともいえる人物。数百年も生きたといわれ、修験道の開祖となり、山伏たちの崇敬を集めてきた人物だ。

彼は、子供時代から超能力を発揮したという。たとえば、7、8歳の頃、地面に棒切れで記号とも図形ともつかぬものを描いていたところ、通りがかった僧侶はそれを見て驚いた。少年が書いていたのは、古代インドの文字、梵字《ぼんじ》だったのである。

やがて、小角は葛城山中にこもり、霊力を高める修行を続けた。ある年、日照り続きで農民が困っていると、彼は雨乞いの術によって雨を降らせたという。

また、役小角は鬼神を自在に操ることができ、鬼神らに金峰山と葛木山の間に橋を架けるように命じた。だが、葛木の神である一言主《ひとことぬし》は、役小角の命令に従わなかった。すると、小角は、命令に従わない一言主に呪いをかけ、体を縛り、金峰山の谷底に投げ込んだ。

一方、一言主は、自らの怨念を賀茂神社の神官に乗り移らせた。すると、神官は「小角が謀反を起こし、天皇を倒そうとしている」と大声で訴えた。

朝廷は、この訴えを無視できなくなり、小角を捕らえ、伊豆大島に島流しにしたという。

その後、役小角は、昼間はじっとしていたが、夜になると正座をして富士山への飛行を念じた。すると、その体は宙に浮き、富士山の麓まで飛行したという。

藤原鎌足が砒素中毒で死んだ原因は？

藤原家の祖、藤原鎌足のもとの名は、中臣鎌足。乙巳《いっし》の変（大化の改新）で蘇我氏打倒に活躍、天智天皇の右腕となった人物だ。

その藤原鎌足は56歳で亡くなったが、その死因は砒素中毒だったとみられる。それがわかったのは、藤原鎌足の遺体の発掘調査によってである。藤原鎌足の墓は、大阪府高槻市の阿武山古墳と推定され、同古墳の発掘調査の際、藤原鎌足とみられる遺体の頭髪から砒素が検出されたのだ。

ただし、藤原鎌足は、砒素で毒殺されたわけではなく、彼の頭髪に砒素が残っていたのは、彼が飲んでいた不老長寿の薬に砒素が含まれていたからとみられている。

彼は、不老不死の薬を求めたが、もちろんそんな薬があるはずもなく、彼が常用していたのは、砒素成分を含む薬物だったようだ。砒素入りの薬を飲みつづけたことが、体を衰えさせ、命を落とすことにつながったとみられるのだ。

「大化の改新」の頃、東アジア情勢が緊迫していたのは偶然か?

645年の乙巳の変にはじまる一連の政治改革を大化の改新という。まず、乙巳の変は、中大兄皇子と中臣鎌足が手を組んで、当時権力を握っていた蘇我氏を倒したクーデター。その後の改革が大化の改新で、これによって豪族中心だった政治が天皇家中心に転換した。

しかし、この事件、国内だけを見ていたのでは、その全貌は見えてこない。その頃、日本は朝鮮半島と積極的に交流していたが、朝鮮半島および中国大陸は激動の時代を迎えていたのだ。

7世紀前半、朝鮮半島では、高句麗、百済、新羅の三国が覇権を争っていた。そして、隋は、それらを丸ごと支配下に置こうと考えていた。百済と新羅は隋に従い、早々に朝貢して臣下となるが、高句麗は従わなかった。そこで、隋は高句麗を攻めるが、撃退されてしまう。

それが大きな痛手となって、隋が滅亡すると、次の唐は隋の轍《てつ》を踏まず、じっくり戦力を蓄えながら、高句麗を討つ機会をうかがう。高句麗にしてみれば、西には大国・唐が手ぐすねを引き、南方には百済と新羅が狙っている。そして、さらにその後ろに控えていたのが倭国、日本だ。

そんな状況下、日本は朝鮮半島に対してどのような態度をとるか、早い話、どこに味方するか、それは重要な外交課題であり、国運を左右する大問題として浮上したのだ。乙巳の変、大化の改新という古代史上の大事件が、東アジアの緊迫した政治・軍事情勢のなかで起きたことはまちがいない。

白村江の戦いでは、どれくらいひどい負け方をしたか？

「白村江《はくそんこう》」は、朝鮮半島の西側を流れる錦江（白江）の河口。7世紀半ば、ここで、倭の軍は、唐・新羅の連合軍に完敗する。その敗戦は「日本」という国家を生むきっかけにもなった。

当時、東アジアは動乱のなかにあった。中国の統一王朝・唐が東アジア一円に勢力を拡大し、朝鮮半島では新羅・百済・高句麗が覇権をかけ争っていた。

660年、唐・新羅連合軍が百済の都を占領すると、倭も朝鮮半島の争乱に巻き込まれる。当時、倭は百済と関係が深かったため、百済の復興に向けての救援を決定したのだ。当時の倭の最高実力者は中大兄皇子（後の天智天皇）だった。

百済の王子・豊璋《ほうしょう》は、かつて日本に滞在したことがあった。662年、倭は豊璋を百済王として扱い、5000の兵を百済におくる。

豊璋は、周留城に入り、百済の遺臣・鬼室福信《きしつふくしん》に迎えられる。福信は遺臣団を率いて各地で唐・新羅連合軍に抵抗していた。ところが、豊璋と福信はやがて反目し、豊璋は福信を殺害してしまう。唐・新羅は、その機をとらえて周留城を包囲、その危機にさいして倭は水軍を送り込んだ。

倭は、約400隻の水軍をそろえ、船数では唐・新羅連合軍を上回っていたが、唐水軍が巨大な船をそろえていたのに比べ、倭の舟は小舟であり、性能面でははるかに劣っていた。

倭の水軍は8月27日、唐の水軍に挑み、敗北。ただし、その日は小手試し程度の戦闘が行われただけで、被害はさほどでもなかった。翌28日、倭が正面から挑むと、唐の水軍は左右に分かれ、倭の水軍を通すと見せかけ、左右から火矢を射かけて攻撃した。倭の船は次々と炎上し、海に飛び込んだ倭の兵は溺死していった。

こうして、白村江の戦いは、倭の完敗に終わった。百済復興の拠点だった周留城も、9月7日に陥落した。

こうして、百済復興の夢は失われ、それは倭にとって大きな危機となった。唐・新羅連合軍が、今後、倭に侵攻してこないともかぎらない。倭の政府内には緊張が走り、そこから強力な統一国家をつくる動きが加速する。そして、律令制度などが整えられ、「日本」が形成されることになったのだ。

西を守る防人に、わざわざ東国の兵があてられたのは？

7世紀半ば、国際情勢が緊迫した時期、九州地方海岸部の防衛にあたったのは、

「防人《さきもり》」と呼ばれる兵士たちだった。664年、百済救済のため、唐・新羅連合軍と戦って敗れた白村江の戦いの後に設けられた防衛組織だ。

むろん、九州といえば、日本列島の西端に位置するが、その防衛に派遣されたのは、なぜか東国出身の兵士たちだった。当時の東国は、遠江《とおとうみ》（静岡県西部）と信濃（長野県）より東側という意味で、現在の中部地方と関東地方を指す。時代によっては、防人として、地元の九州出身者が派遣された時期もあったが、ほとんどは東国出身者が送られていた。これは、防人開設のきっかけとなった白村江の戦いで、西日本の兵士たちが大きな痛手を負っていたからである。

たとえば、『備中国風土記』は、「邇摩《にま》」という地名の由来として、次のようなエピソードを記録している。斉明天皇が百済救済のため、筑紫へ向かう途中、繁栄した土地をみつけたので動員をかけてみたところ、2万もの優秀な兵士が集まったという。そこから、「二万の郷」と呼ばれるようになったというのだ。

このエピソードが示すように、白村江の戦いには、西日本の兵士が動員されたが、多くの兵士が戦死し、あるいは捕虜となった。

そのため、防人の兵士として、西日本から新たに徴兵することは難しくなり、やむなく東国から動員されたのではないかとみられている。

また、白村江の戦いでは、西日本の水軍を中心に遠征軍が編成されたが、次の戦いは九州に上陸してくる唐・新羅連合軍を迎撃する地上戦になると予測されていた。それには対蝦夷戦で鍛えられた東国兵が適していることからも、東国兵士が派遣されたとも考えられている。

捨てられた巨大な都は、その後、どうなった？

古代、飛鳥にあった都は、奈良の平城京へ遷《うつ》される前、いったん現在の橿原市へ遷された。わずか16年だったが、飛鳥時代と奈良時代の間には、「藤原京」を都とする時代があったのだ。

藤原京跡が発見されたのは、太平洋戦争直前のこと。民間の研究機関「日本古文化研究所」が、橿原市内で大きな建物跡を発見したのだ。戦後、本格的に発掘され、藤原京は、碁盤の目状に通りを整備したわが国初の本格的な都だったことがわかってきた。大路によって南北が12条、東西は朱雀大路を中心に、左右それぞれ4坊ずつに区画され、都の中央には、大極殿や朝堂院が置かれ、その北には皇居に相当する内裏が置かれていた。

ところが、わずか16年で藤原京は捨てられ、都は奈良(平城京)へと遷される。そのさい、藤原京の建物はことごとく解体され、再利用できるものはすべて運ばれた。もちろん、貴族や役人も移ったので、藤原京はたちまち廃墟となってしまった。

後に発見された木簡によると、その後、荘園がつくられたことがわかっているので、平安時代には、田園地帯になっていたとみられている。現在、元の大極殿周辺は、史跡公園として整備され、古代の短い栄華に思いを馳せることができる。

和同開珎には「銀銭」もあったって本当?

日本では、昔から銅銭が多数つくられてきた。富本銭《ふほんせん》、そして和同開珎《わどうかいちん》をはじめとし、8~10世紀につくられた皇朝十二銭と呼ばれる12種類の貨幣は、すべて銅銭である。

ただし、皇朝十二銭の最初につくられた和同開珎には、銅製だけでなく、銀製もあった。和同開珎が発行されたのは和銅元年（708）のことだが、『続《しょく》日本紀』は、5月にまず銀銭がつくられ、8月に銅銭が発行されたと伝えているのだ。

さらに翌年の2月には、利用するときには、4文以上は銀銭、3文以下は銅銭を使うように定めたとある。ところが、同年8月には銀銭が廃止されたので、後世、和同開珎は銅銭と思われるようになったのだ。

理想の都だったはずの平城京が何度も棄てられたのはなぜ？

「710《なんと》きれいな平城京」や「710《なんと》立派な平城京」といった語呂合わせで、平城京遷都の年代を覚えた人は少なくないだろう。

平城京への遷都が計画されたのは、文武天皇の707年2月。6月に天皇が崩じると、翌708年2月、元明天皇は遷都の詔を発した。9月には、天皇みずから平城の地を視察。造平城京司長官らを任命し、12月に地鎮祭が行われた。そして、1年4か月後の710年3月、藤原京からの遷都が実現した。

奈良盆地の真ん中が新たな都の場所に選ばれたのは、平城京遷都の詔によれば、「四神が吉相に配され、三つの山が鎮《しず》めをなし、占いによって都たるにふさわしい土地である」という理由からだった。中国の風水によると、背後の山は玄武、前方の水は朱雀、玄武を背にして左側が青龍、右側が白虎とされ、この四神がそろう「四神相応」は、蔵風聚水《ぞうふうじゅすい》（風を蓄え、水を集める）の形態となっているという。

奈良盆地の北にある平城京の場合、北に奈良山、東に春日山、西に生駒山と三方を山に囲まれ、南は開けている。南を向いて座る天皇が三方を山に囲まれ、南の平地を見渡すことができる地形だ。つまり、平城京は都として理想的な地形に造営されたのだ。

ところが、その後、恭仁京《くにきょう》（現在の京都府木津川市）や紫香楽宮《しがらきのみや》、難波宮《なにわのみや》への遷都によって、平城京は一時的に棄てられる。これは、聖武天皇が、九州で起きた藤原広嗣《ひろつぐ》の乱を恐れ、都を脱出したためともいわれている。

藤原広嗣の乱は、唐から帰国して重用される吉備真備《きびのまきび》らに対して、勢力の衰えた藤原広嗣が、大宰府への赴任を左遷と考え、不平を募らせて起こした乱だった。乱は鎮圧されたが、災害や天然痘も広がったため、聖武天皇は、鎮圧の報告を聞かないまま、平城京を出て恭仁京などに遷都、745年に再び平城京へ戻された。

平城京の役人が夜明け前から出勤した理由は？

平城京の役人は、現代の官僚よりもずっと早起きだった。奈良時代の役人は、夜明け前に出勤しなければならなかったのだ。平城京の役所では、日の出のすぐあとに朝礼があった。役人たちはその朝礼に参加しなければならなかったため、早起きする必要があったのだ。

しかも、朝礼にギリギリ間に合えばいいというものではない。日の出直後に大極殿、朝堂院の大門が開くが、それまでに門前で立っていなければ、遅刻扱いとなり、昇進に響く。下級役人は、平城京内ではなく、都から数キロは離れたところで暮らしていたので、役所までは徒歩で1時間程度はかかった。そこで、彼らは夜中のうちに起き出して、都へ向かうことになったのだ。

ただし、朝早い分、帰宅時間は早く、昼には退出できた。急ぎの仕事があるときだけ、日没まで働いたようだ。

奈良時代、「平城京」にはどのくらいの外国人が住んでいた？

平城京は唐の都・長安をモデルにしている。とはいっても、その規模はまるでちがう。長安は人口１００万人近い大都市。それに対して、平城京は5～10万人だったとみられている。

また、唐は東アジアの大帝国だったから、その都、長安にはさまざまな国の人々が集まっていた。日本から遣唐使として渡った人たちもいたし、朝鮮半島など東アジアの人々、そしてシルクロードを通って交易に関わっていた中央アジアの人々などが訪れ暮らす国際都市となっていた。

では、平城京はどうだったのだろう？　当時の戸籍が残っていないので、正確なところは不明だが、京に居を構えていた官人111名のうち、30名が渡来人だったというデータがある。単純計算で、高級官僚の約3割弱が外国人というのは、かなりの高率だったことがわかるだろう。

渡来人といえば、多くは百済など朝鮮半島からやってきた人たちが多かったが、なかにはそれ以外の国から来ている人もいた。たとえば、菩提僊那《ぼだいせんな》という婆羅門僧正《ばらもんそうじょう》は、インドの出身。長安で活動していたところを、日本から唐に渡った僧らの要請で渡来。東大寺大仏の開眼師を務めることになる。

菩提僊那の弟子としていっしょに渡来した仏哲という僧は、林邑《りんゆう》、現在のベトナム出身。林邑楽（ベトナム音楽）を伝えたと言われる。

平城京を訪れたペルシャ人って、どんな人？

その平城京には、ペルシャ（現在のイラン）からやってきた人も暮らしていた。『続日本紀』には天平8年（736）、李密翳《りみつえい》という人物が来日したと記録され、彼は「波斯人」だったとされている。「波斯」とはペルシャのことだ。

李密翳は、やはり国際都市だった中国の唐で重用された人物だったようだ。彼の姓の「李」は唐の帝室の姓であり、唐の歴代皇帝は優秀な異国人に「李」姓を与え、引き立てることがあり、李密翳もそうした人物の一人だったと考えられる。そして、李密翳は、日本の朝廷からも官位を与えられている。

李密翳が、中国や日本で重用された理由をめぐっては、いくつかの説がある。高度な医術を伝えたからという説もあれば、西アジアの音楽を伝えたからという説もある。さらには、西アジア由来のゾロアスター教を伝えたからともいわれる。

また、奈良の正倉院の宝物には、西アジア由来のものもあるが、西アジア出身の李密翳は、その価値や保存法も知っていたからという見方もある。

遣唐使で唐に渡って「国際結婚」した日本人はその後どうなった？

今、留学といえばせいぜい数年間、海外で勉強することを指す。場合によっては、数週間の滞在でも「短期留学」という場合もある。では、奈良時代の遣唐使に随伴した留学生たちはどうだったのだろうか？

遣唐使の派遣は、原則として20年に一度だった。もちろん、何事も原則どおりにはいかないもので、間隔が短い場合もあったが、基本的には、留学生たちは20年間たっぷりと勉強し、貴重な知識や文化を日本に持ち帰ることになったのだ。

たとえば、第8次遣唐使に参加した吉備真備は、唐に渡ったとき22歳。帰ってきたときには、40歳になっていた。

20年も滞在するということは、もうほとんど、その土地に根を張って暮らすようなもの。結婚し、子供をもうける者も多かった。

たとえば、702年に遣唐使として唐に渡った留学僧・弁正《べんしょう》は、唐の女性と結婚して二児をもうけた。弁正自身、その後、日本の土を踏むことはなかった。当時の勅命で、国際結婚をした場合、妻を連れて帰れないことになっていたからだ。

22歳から40歳までを唐で過ごした吉備真備も、唐で国際結婚していた。二人の子供がいたというが、それを振り切って帰国の途に就いた。後に、その子が父に会いたさに海を泳いで渡ってきた、という言い伝えが残っている。

平安時代、庶民の住宅事情は？

平安時代の建物というと、寝殿造りが思い浮かぶかもしれない。しかし、それは平安京の公家屋敷の話。庶民は、むろんのこと、もっと粗末な家に住んでいた。

まず、都とその周辺では、庶民は掘っ建て柱による小屋に住んでいた。10坪程度の土地に、床面積10平方メートルほど（つまり6畳ほど）の小屋を建てて暮らしていた。その狭い小屋のなかに、ゴザを敷いて、数人の家族が寝起きしていたのである。

東国となると、住まいはさらに粗末だった。奈良時代から平安時代にかけて、関東では、まだ竪穴《たてあな》式住居で暮らす人が多かったのだ。

平安中期頃までは、西日本と関東では、経済力、文化レベルに相当の差があった。それが小屋と竪穴式住居という違いにも現れていたのだ。

平安時代の公家は、本当に肉食しなかった？

平安時代の公家は、仏教を奉じ、殺生をタブーとし、肉食を戒めていた。ということは、平安時代の公家たちは、肉類を食べないベジタリアンだったのだろうか？

しかし、さまざまな記録によれば、魚や貝類はもちろん、イノシシやシカも食べていたことがわかっている。

当時の貢納物を詳しく記した『延喜式《えんぎしき》』を見ると、キジの干し肉の他に、シカやイノシシの干し肉が各地から運ばれ、公家たちが食べていたことがわかる。また、イノシシやシカの肉でつくった「なれ鮨」、動物の内臓でつくった塩辛も食べられていた。つまり、肉食を一切断っていたわけではなかったのだ。

また、平安時代の貴族は、肉類よりも、乳製品をよく食べていた。牛乳を飲んでいたし、「酪《らく》」や「蘇《そ》」と呼ばれた牛乳の加工食も食卓によく並んでいた。「酪」は、牛乳を濃縮して粥状にしたもの。「蘇」は、「酪」をさらに加熱濃縮して、半固形状にした食べ物だった。

〝才人〟紀貫之を晩年まで悩ませていたものの正体は？

紀貫之《きのつらゆき》は『古今和歌集』の撰者の一人であり、『土佐日記』の作者でもある人物。しかし、当時の屈指の才人、紀貫之の人生は政治的、経済的には不遇だった。紀家そのものは、古くからの名門で、桓武天皇の時代には、平安京遷都をめぐって活躍していた。ところが、しだいに藤原氏に押されて、ふるわなくなる。紀貫之は、そんな没落貴族の子孫だったのだ。

当時、公家が豊かになろうと思ったら、昇進し、有利な官職を手にしなければならない。とくに、地方の国司になれば荒稼ぎができたのだが、紀貫之の昇進は遅かった。そんな紀貫之に回ってきた仕事は、『古今和歌集』の撰者である。これにより、当代随一の歌人と見なされるようになるものの、歌人では飯は食えない。

そんな紀貫之にようやく運が向いてくるのは、60歳を過ぎてからである。延長8

年（930）土佐守に任じられ、承平5年（935）に任を無事に終えている。しかし、それでも、紀貫之は経済的に苦労している。一つには、紀貫之があまりに清廉な官吏であったためだ。ふつう国司となると、不正蓄財に励む。その任を終えるころには、ひと財産ができているものだが、真面目な紀貫之はそうしなかった。そのため、京都に戻るときに、ろくに財産もなかった。

さらに、土佐赴任中に、紀貫之は有力な後ろ楯を失っていた。彼の歌人としての才能を認めていた醍醐《だいご》上皇、宇多《うだ》法皇、理解者である藤原兼輔《かねすけ》らが死去していたのだ。これでは、京都に戻っても官職を得られない。

窮した紀貫之が思いついたのが和歌の学識によって、中央政界の有力者に近づくことだった。そのために書いたのが、『土佐日記』や和歌の手引き書である。その甲斐があったのか、天慶3年（940）に玄蕃頭《げんばのかみ》となり、天慶6年（943）には従五位上に昇進している。老骨に鞭打って、和歌の学識を売り込んだおかげで、なんとか公家の端くれくらいの暮らしを維持することには成功したのだ。

鎌倉・室町

元寇による三度目の襲来がなかった裏事情とは？

2

This book collects a series of behind-the-scenes incidents from Japanese history.

北条氏があえて将軍にならず、執権にとどまったのは？

鎌倉幕府の将軍は、源氏が3代で絶えたのち、藤原（九条家）将軍を経て、皇族将軍となる。むろん、「御家人の棟梁」のはずの将軍の権力は、完全に形骸化することになり、幕府内で権力を握ったのは、執権家の北条一族である。2代執権の義《よし》時《とき》から泰時《やすとき》、経時《つねとき》、時頼《ときより》、時宗《ときむね》、貞時《さだとき》、高時《たかとき》に受け継がれた北条本家が権力を掌握。本家と、本家と血縁・姻戚関係にある者だけが出世し、彼らだけで政策を決定するようになった。とくに、貞時の時代以後は、皇族将軍を京へ追放できるほど、北条家がわが物顔で権力をふるった。

しかし、幕府内で、それほど強大な権力を掌握しても、ついに北条氏は将軍になれなかった。その一因には、北条氏が、京の朝廷や公家たちから、徹底的に見下されていたことがある。

もともと、京の朝廷や貴族たちにとって、鎌倉御家人は田舎者であり、とくに、

■源氏と北条氏

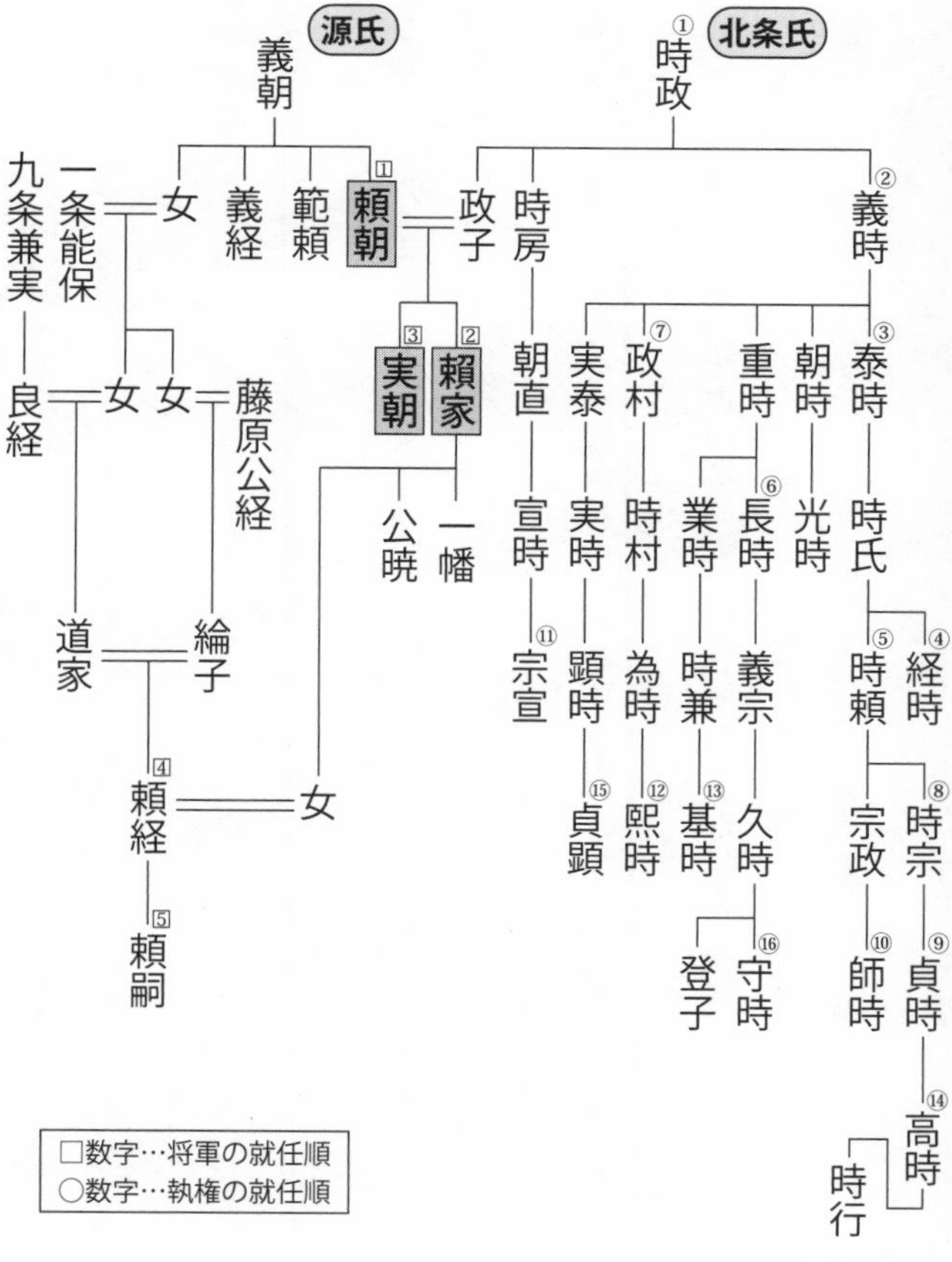

源氏
義朝
女
義経
範頼
1 頼朝
一条能保
九条兼実
良経
女
女
藤原公経
3 実朝
2 頼家
公暁
一幡
道家
綸子
4 頼経
女
5 頼嗣
北条氏
① 時政
政子
時房
② 義時
朝直
宣時
⑪ 宗宣
実泰
実時
顕時
⑮ 貞顕
⑦ 政村
時村
為時
⑫ 熙時
重時
業時
時兼
⑬ 基時
⑥ 長時
義宗
久時
⑯ 守時
登子
朝時
光時
③ 泰時
時氏
⑤ 時頼
④ 経時
宗政
⑩ 師時
⑧ 時宗
⑨ 貞時
⑭ 高時
時行
□数字…将軍の就任順
○数字…執権の就任順

北条氏のことは「伊豆国在庁時政子孫（伊豆の木っ端役人時政の子孫）」と侮蔑していた。北条氏は、そうした京の人々の偏見の目を変えることができなかったのである。

また、朝廷側としては、力では幕府にとうていかなわないので、北条氏を徹底的に見下すことで、かろうじて朝廷の権威を保っていたともいえる。

執権北条義時が「離婚しない」と起請文を書かされたのは？

北条義時は、鎌倉幕府の2代執権をつとめた実力者。ただ、「結婚」に関しては苦労した。

彼は、まず武蔵の名族・比企朝宗の娘・姫の前に恋こがれて、何度も恋文を書き送るが、相手にされない。そのとき、一骨折ってくれたのが、主人の源頼朝だった。頼朝には、北条氏と比企氏が結びつけば、自らの政権も磐石になるという読みもあったのだろう。

ただし、姫の前は、仲介役の頼朝に対しても注文をつけ、「絶対に離婚しない」という起請文を書くことを義時に求めたのだった。義時がこれを承諾したことで、二人はようやく夫婦となった。

二人の間には、朝時、重時が生まれたが、後に義時は起請文に反して姫の前と別れることになった。それは、北条氏が比企氏を滅ぼしたからである。結婚から11年後の建仁3年（1203）、両家は幕府内の主導権を争って対立、義時は比企一族を倒したのである。

姫の前も、さすがに実家を滅ぼした男の妻ではいられなかったようだ。義時と別れた後、京都に向かい、源具親という公家・歌人と再婚。再婚から3年後に亡くなっている。

中世の先妻が後妻に懲罰を加える変なルールとは？

中世には「後妻《うわなり》打《う》ち」と呼ばれる奇習があった。それは、夫に離縁された妻とその一族の鬱憤《うっぷん》晴らしのような風習だった。別れた夫が、新しい妻をめとったときには、先妻とその一族は後妻の家を襲って、家財道具などを壊したのだ。その間、後妻とその一族は抵抗できないというのが、当時のルールだった。

ただ、その襲撃にも一定のルールがあり、まず先妻側は襲撃の日時を後妻側に予告しておく必要があった。通告を受けると、後妻側は貴重品や壊されると困るものを家から運び出した。また、後妻側は「止め役」を用意し、止め役が頃合いを見計らって、止めに入った。先妻側の攻撃があまりにすさまじいと、後妻側との遺恨が深くなる。そうはならないようにするのが、止め役の仕事だった。

この後妻打ちという奇妙な風習は、鎌倉・室町時代を通じて盛んに行われ、江戸時代前半も一部にその風習が残っていたが、後半には姿を消すことになった。

元寇のモンゴル軍の将軍は、その後どうなった？

元（モンゴル）は、1274年と1281年の二度にわたって日本を襲ってきた。

文永の役と弘安の役である。そして、モンゴル軍は、文永の役では海岸部の戦いで圧勝するものの、なぜかすぐに撤退。弘安の役では鎌倉武士の抵抗にあって、上陸もできないうちに、暴風雨（日本にとっては、いわゆる神風）による大被害をうけ、やはり撤退した。

では、その弘安の役で、日本攻撃を担当した元軍の将軍は、その後どうなったのだろうか？　海の藻屑《もくず》と消えたのだろうか？　それとも逃げのびたのだろうか？

正解は後者。弘安の役のモンゴル軍は、洪茶丘《こうさきゅう》や金方慶らの率いる「東路軍《とうろ》」と、阿塔海《あたはい》や范文虎《はんぶんこ》が率いた「江南軍《こうなん》」に分かれていた。

このうち、金方慶は、軍船の大半が沈没した翌日に、残った船に乗って、朝鮮半島にたどり着いた。つづいて、洪茶丘・范文虎らが、半島の南端にある合浦《がっぽ》に戻っている。

生き残った兵の証言によると、将軍のなかには、「おのおのみずから堅固な船を選んでこれに乗り、士卒十万余を棄てた」者がいたという。一方、肥前の鷹島に置き去りにされた兵士は、悲惨な運命をたどった。台風が鎮まるのを待って、鷹島を攻撃してきた日本軍によって、ほとんどの兵士は首をはねられてしまったのだ。それで、今でも、元軍が襲来したあたりには、彼らの首を埋めたとされる「蒙古塚」という墳墓が残っている。

元寇による三度目の襲来がなかった裏事情とは?

二度目の元寇である「弘安の役」では、北九州を襲った台風によって、元軍は壊滅する。

しかし、それでも皇帝のフビライは日本遠征をあきらめたわけではなかった。迎え撃つ側の日本も、元の三度目の襲来に備え、博多湾を中心とした警備を強めていた。

ところが、結局、元はそれ以上攻めては来なかった。大陸支配に力を注ぐ必要が生じ、日本遠征どころではなくなったためである。

フビライは、弘安の役後も兵船の建造を続け、2年後の1283年には、再び

「征東行省」を設置して、日本遠征に向けた準備を本格化させた。しかし、中国内では、度重なる戦乱と出費の増大で、庶民の暮らしはいよいよ苦しくなり、元への不満が高まっていた。

日本遠征の準備が始まると、江南では、それに反対する住民が各地で騒動を起こした。

フビライは、日本遠征のために準備した兵士や船を江南各地へ派遣し、反乱を押さえなければならなかった。

その間にも、フビライは何度か日本へ使者を送るが、大雨で阻まれたり、対馬で殺されたりして九州本土へも上陸できなかった。そうした事情が重なるうち、フビライの関心は、日本から東南アジアやインド方面へと向かうようになったとみられている。

ちなみに、１２９１年、フビライは約６０００の軍隊をもって「瑠求」を攻めたと記録が残っているが、この「瑠求」が沖縄のことなのか、台湾のことなのかはっきりわかっていない。

１２９４年にフビライが死ぬと、跡を継いだテムルも一度は「瑠求」を攻めるが、1298年には日本遠征を中止する意向を表明した。

大覚寺統と持明院統――

皇統にお寺の名前がついたのは？

鎌倉末期には、兄弟の後深草《ごふかくさ》天皇と亀山天皇、そして、その兄弟の子孫が交代で天皇の座に就いた。

この時代は「両統迭立《てつりつ》時代」と呼ばれるが、そのきっかけとなったのは、後嵯峨《ごさが》法皇の死後、同法皇の三男・後深草上皇と、七男・亀山天皇の間で起きた皇位継承争いである。

後嵯峨法皇は亀山を可愛がっていた。そこで、兄の後深草から弟亀山に譲位させたり、後深草に子があるにもかかわらず、亀山の子を皇太子とするなどした。そこまでレールを敷いたにもかかわらず、自分の死後、誰を治天《ちてん》の君《きみ》（天皇家の家長として政治を行う者）にするか遺言しなかったことが、後嵯峨法皇没後の皇位継承争いのきっかけとなってしまう。文永11年（1274）、亀山天皇が自分の子に天皇の地位を譲り、上皇として院政をはじめると、それに失望したのが、対立する後深草上皇で、皇位を捨てて出家しようとした。

そこで、執権の北条時宗は、後深草、亀山両上皇の了解を得て、後深草上皇の子を亀山上皇の皇太子に就けた。これが、後の伏見天皇である。

伏見天皇は、皇太子に自分の子を就けた。すると、今度は亀山上皇が激怒、皇位を捨てて出家してしまう。そのため、亀山上皇の子である後宇多《ごうだ》上皇らが策動し、天皇の位が伏見から後伏見へ移ると、皇太子には、亀山上皇側である後宇多上皇の子が就いた。

これ以来、後深草上皇、伏見天皇、後伏見天皇の子孫と、亀山上皇、後宇多上皇の子孫が、交代で皇位に就くようになる。

そして、後深草上皇の皇統は「持明院統」、亀山上皇の皇統は「大覚寺統」と呼ばれるようになった。その呼び名は、それぞれ関係の深かった寺院名にちなんでいる。持明院統は、伏見天皇が上皇に就いた後、同寺を居所にしたため、当時の人が「持明院殿」と呼んだことにちなみ、大覚寺統は、亀山と後宇多親子が、再興した寺院内の蓮華峰寺を御所として、世に「大覚寺殿」と呼ばれたことにちなんでいる。

後醍醐天皇が逃亡先に吉野を選んだのは？

後醍醐天皇は、鎌倉時代の末期、北条氏を倒して鎌倉幕府を滅亡に追い込み、建武の新政をおこした人物。しかし、性急に改革をすすめたため、すぐに足利尊氏らの反逆にあって失脚。京都を脱出して、吉野山中へ逃亡し、南朝を開いた。その後、京都と吉野、二つの朝廷が並立するという「南北朝時代」へ突入することになった。

ところで、後醍醐は、なぜ京都脱出時、逃亡先に吉野の山の中を選んだのだろうか？　それは、敵対する足利幕府も、吉野には手が出しにくかったからだ。吉野には修験寺院の金峯山寺《きんぷせんじ》があり、多くの修験僧を擁していた。そこは、宗教的権威に守られた一種のアジール（聖域）であり、将軍といえども、なかなか手が出せなかったのだ。加えて、僧兵の精強さでも知られ、後醍醐天皇が吉野に入ったときに

■天皇家系図（北朝と南朝）
（数字は代数）

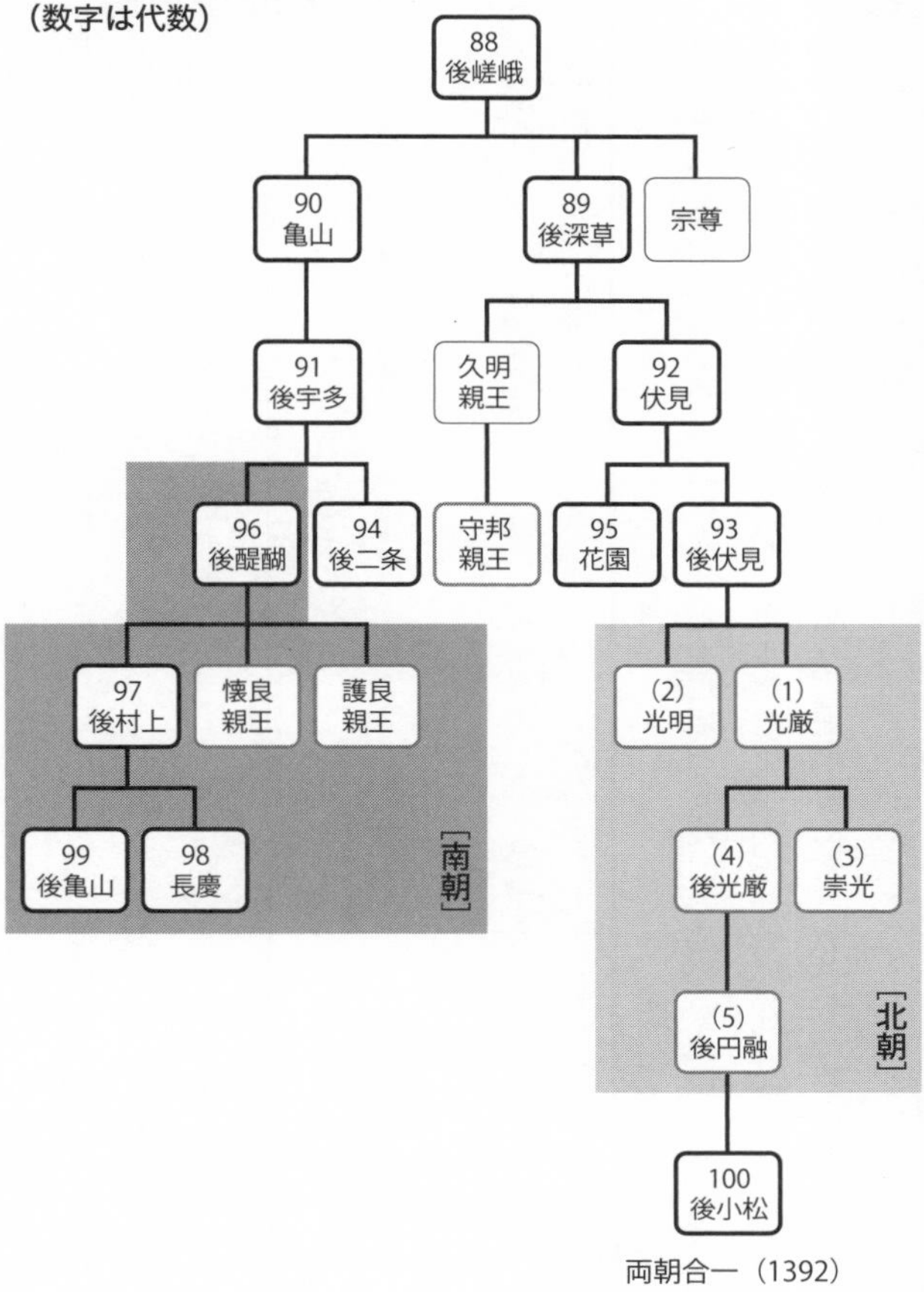

は、300名の僧兵が出迎えたという史料もある。

しかも、紀伊半島のほぼ真ん中に位置する吉野は、交通の要衝でもあった。吉野山の下には伊勢街道が通り、伊勢大湊へと通じている。大湊からは、関東に向けて海路が開け、大量の物資輸送が可能だった。一方、西に向けては吉野川が流れ、瀬戸内海への海路とつながっている。つまり、吉野は山中でありながら、海上交通を有効に活用できる土地だったのだ。そんなことを計算して、後醍醐天皇は吉野に南朝を開いたとみられるのだ。

足利義満が「明」に膝を屈して朝貢に応じた舞台裏は？

1368年、中国大陸で政治的な大変動が起きた。紅巾《こうきん》の乱の頭領の一人だった朱元璋《しゅげんしょう》が元を北へ追い払い、自ら洪武帝となって「明王朝」を開いたのである。同帝は即位すると、すぐに日本へ使者を送り、建国を伝えるとともに朝貢を求めてきた。

当時の日本は南北朝時代である。実権を握っていた3代将軍の足利義満は、それから33年後の応永8年（1401）、明への朝貢に応じる。

鎌倉時代、元には屈服しなかった日本が、義満の時代には明の属国となる道を選んだのだ。これは、一つには明側の勘違い、もう一つは義満が名より実をとった結果といっていい。

というのも、洪武帝が最初に送った使者は、九州の大宰府に到着した。その頃、九州は南朝の支配下にあり、国書は懐良親王に届けられた。明側が、天皇が二人いるという日本の特殊事情を知らなかったためで、懐良親王はこれに対して「日本国王」として朝貢に応じた。その後、事情を知った義満は、二度にわたって明へ使者を送るが、入国さえも拒否される。そうこうしているうちに、歳月が過ぎ、中国大陸では洪武帝が亡くなり、日本では南北朝が統一された。

さらに、義満は西国の有力大名・大内義弘を倒し、西日本の対抗勢力を一掃した。義満はこうして権力基盤を固めたうえで、改めて明に使者を送り、自ら「日本国王」と名乗って明に朝貢することを伝えた。

さらに、2年後の応永10年（1403）、義満が永楽帝《えいらくてい》の即位を祝って使者を派遣すると、同帝は義満に対して100通の「勘合」を発行した。「勘合」は、明帝が代わるごとに発行される通交船の証票で、それを持つ船だけが「朝貢船」として、10年に一度程度の交易（朝貢貿易）を許されていた。

つまり、義満は、朝貢することによって、貿易による利益を得たのである。朝貢貿易では、貢ぎ物をはるかに上回る下賜品がもらえたし、関税もかけられなかった。その当時、日本からの貢物は馬、太刀、扇などで、それに対する下賜品の中心は「永楽銭」などの銅銭である。

当時、日本国内では貨幣を鋳造《ちゅうぞう》していなかったので、銅銭の輸入を独占することは、通貨発行権を握るのと同じことだった。そうして、義満は圧倒的な経済力を獲得し、室町幕府の全盛期を築き上げるのである。

足利義満の急死の真相は？

室町幕府・3代将軍の足利義満は、応永15年（1408）4月28日、急病で倒れ、その1週間後には息を引き取った。享年50、死因は咳気《がいき》（咳の出る病気）と伝えられる。

しかし、義満の遺体は、その夜のうちに金閣から運び出され、祖父・尊氏の眠る等持院に埋葬された。室町時代の絶頂期を築いた実力者の葬儀としては、ひじょうに寂しいものだった。

そうしたことから、義満は暗殺されたと、当時からささやかれてきた。そして、その首謀者としては、朝廷と実子の義持の名が挙げられてきた。

時代をさかのぼると、義満が11歳で将軍に就いた頃には、すでに南朝の力が弱まっていた。その後、義満は南北朝を統一し、さらに山名、大内などの有力守護の力をそいで、幕府の力を高める。やがて、息子の義持に将軍職を譲り、自らは朝廷内の最高位の太政大臣にのぼりつめた。

ところが、義満は、その太政大臣を半年で辞職し、出家する。義満は、出家して超世俗的な立場に身を置くことで、朝廷の支配から自由になろうとした。また、自ら出家することで、比叡山などの宗教勢力も牛耳り、義満は武家、公家、宗教界の権力を一手におさめようとしたのだ。

さらに、義満は、息子の義嗣を天皇として即位させることも狙っていた。むろん、そのとき、自分は法皇格ということになる。

しかし、義満は、義嗣の元服の儀式から数日後に急死する。そうしたことから、義満は、朝廷乗っ取りを阻止しようとした朝廷、あるいは義満の義嗣への偏愛に不満をもった義持によって暗殺されたとささやかれてきたのだ。

室町時代に建てられた高さ100メートルの塔とは？

室町時代、京都の相国寺《しょうこくじ》に、高さ約109メートルという七重塔が建てられた。現在、世界最古の木造の五重塔である法隆寺の五重塔は、高さ31・5メートル。京都の東寺の五重塔でも、高さ54・8メートルだ。相国寺の七重の大塔は、その2〜3倍の高さを誇っていたわけだ。わが国で、七重の大塔以上に高い塔が建てられたのは、昭和になってからのことである。

そんな大塔を建てたのは、室町幕府・3代将軍の足利義満だった。金閣寺も建立した義満は、大塔を建設することで、自らの権勢を天下に見せつけようとした。落成時には、塔の頂から花びらがまかれたという。京都の人たちは、舞い散る花弁を仰ぎ見て、義満の権勢を思い知ったのだ。

ただ、相国寺の巨塔は、わずか4年で姿を消した。雷が落ち、焼けてしまったのだ。その後、義満は、北山に大塔を再建しようとしたが、それもまた落雷で焼失した。当時は避雷針の技術がなかったので、高層の木造建築物は落雷に弱く、こればかりは義満の権勢をもってしても如何ともしがたかったのだ。

室町将軍が「くじ引き」で選ばれた顚末は？

室町幕府の6代将軍・足利義教《よしのり》は、くじ引きによって選ばれ、将軍の座についた。なぜ、そんなことになったのだろうか？

義教の先代、5代将軍の義量《よしかず》は、父・義持の存命中に将軍職を譲られたが、わずか19歳で亡くなった。義量の早すぎる死に対して、父・義持は、次の将軍の決定を

「神意に託す」と称して、自分の死後にくじ引きで決めるように、近臣たちに指示した。そして、義持の死後、その指示に従い、将軍選びのくじ引きが行われることになったのだ。

その候補は、3代義満の子、つまりは4代義持の弟たちである。候補者はすべて僧籍にある青蓮院義円、大覚寺僧正義昭、相国寺永隆蔵主、梶井僧正義承の四兄弟だった。クジ引きは石清水八幡宮の神前で行われ、クジを引いたのは幕府管領の畠山満家だった。

その結果は守護大名らの前で発表され、青蓮院義円が次期将軍と決まった。青蓮院義円は義満の四男にあたり、還俗して足利義教と名のり、6代将軍となった。

そうしたくじ引きが行われた背景には、足利将軍家の権力基盤が磐石でなかったことがある。足利将軍は、有力守護大名の意向をくまなければならなかったのだ。ところが、守護大名の間にも対立があって、誰を次の将軍にするかをめぐって争闘が起きかねない。事実、その後に起きた応仁の乱は、次期将軍を巡る守護大名の対立が原因となった。

4代の義持は、そうした政治的調整が面倒になり、次期将軍をくじ引きで選ぶことにしたのだった。

世阿弥が晩年、佐渡島へ流された理由は？

農村の民間芸能だった猿楽《さるがく》を芸術の域にまで高めたのが、室町時代の観阿弥・世阿弥の親子である。

とりわけ、世阿弥は22歳のときに父を亡くすと、その遺志をついで、能を洗練させていく。生涯に１００本以上の台本を書き、現在に伝わる謡曲の半分以上は世阿弥の作品だ。

ただし、世阿弥は81歳まで長生きしたものの、その後半生は不遇だった。72歳のときには佐渡島へ流刑となり、流人暮らしも経験している。罪を許され、京へ戻ったのは、80歳近いときのことだったとみられる。

世阿弥の後半生が不遇だったのは、その時期の将軍から目の仇にされたからだった。

もともと、世阿弥は、3代将軍の義満に寵愛されたことで、活躍できたといえる。12歳のとき、義満に気に入られ、その保護を受けたのだ。守護大名たちも、義満の機嫌をとるため、世阿弥を引き立てた。

ところが、世阿弥が46歳のとき、義満が急死する。すると、4代義持、6代義教は他の能楽師を寵愛し、世阿弥を冷遇した。

とくに、義教は、世阿弥が御所で能を演じることを禁じ、その後、世阿弥を佐渡島へ流している。

その理由は定かではないが、一説には、義教は、自分が寵愛する音阿弥（世阿弥の甥）に、秘伝書を渡すように世阿弥に命じたが、世阿弥が拒んだからと伝えられる。

親鸞が自分の息子を勘当した理由は？

浄土真宗の開祖・親鸞は承安3年（1173）、京都の公家の家に生まれるが、幼くして両親を亡くし、9歳で出家して比叡山に入る。しかし、親鸞は、既成仏教の教えに満足できず、29歳で比叡山を下りて法然の弟子となる。

むろん、守旧派からはにらまれることになり、弾圧を受け、越後に流される。4年後に許されると、常陸（今の茨城県）に移り住んで、関東を中心に布教活動を行い、60歳になってようやく京都に戻ることができた。

すると、親鸞が京都に戻ったあと、関東の信者たちが困ることになった。親鸞の教えはシンプルなようにみえて、突き詰めていくと、深遠で難解なところがある。その機微を解説してくれる人がいないと、教えを正しく理解することができないのだ。やがて、教えが曲解されるようになったため、親鸞は、長男の善鸞《ぜんらん》を関東に送り込むことにした。

しかし、それが裏目に出た。善鸞は、父・親鸞の教えを正しく伝えるどころか、「今まで父が語ってきたことは、本当の父の教えではない。本当の教えは、私だけが知っている」などと吹聴しはじめる。

親鸞は、そうした長男を見限り、関東の門徒たちに「義絶状」を送る。この「義絶状」で、84歳の親鸞は、「いまは親といふことあるべからず、子とおもふことおもひきりたり」と、長男・善鸞を勘当したのだった。

日野富子は、本当に日本史上、有数の悪女だった？

日野富子は日本史上、悪女の代名詞となってきた女性。室町時代後期、応仁の乱のきっかけをつくり、政治に口を出しては、守銭奴のように富を蓄えたといわれてきた。

その日野富子が、室町8代将軍・足利義政のもとへと嫁いだのは、康正元年（1455）、16歳のときのことだった。結婚から4年目、富子はようやく身ごもるが、死産してしまう。やがて、どこからともなく、「今参局が呪い殺した」という噂が流れはじめる。今参局は、富子が嫁ぐ前、義政の愛妾だった女性だ。

むろん、今参局にとって、正妻の富子は疎ましい存在であり、富子を目の仇にしていた。「お世継ぎの死産したのは、今参局の呪いによるもの」という噂を流したのは、富子自身だったともいわれる。この噂によって、今参局は琵琶湖の小島に幽

■応仁の乱の対立

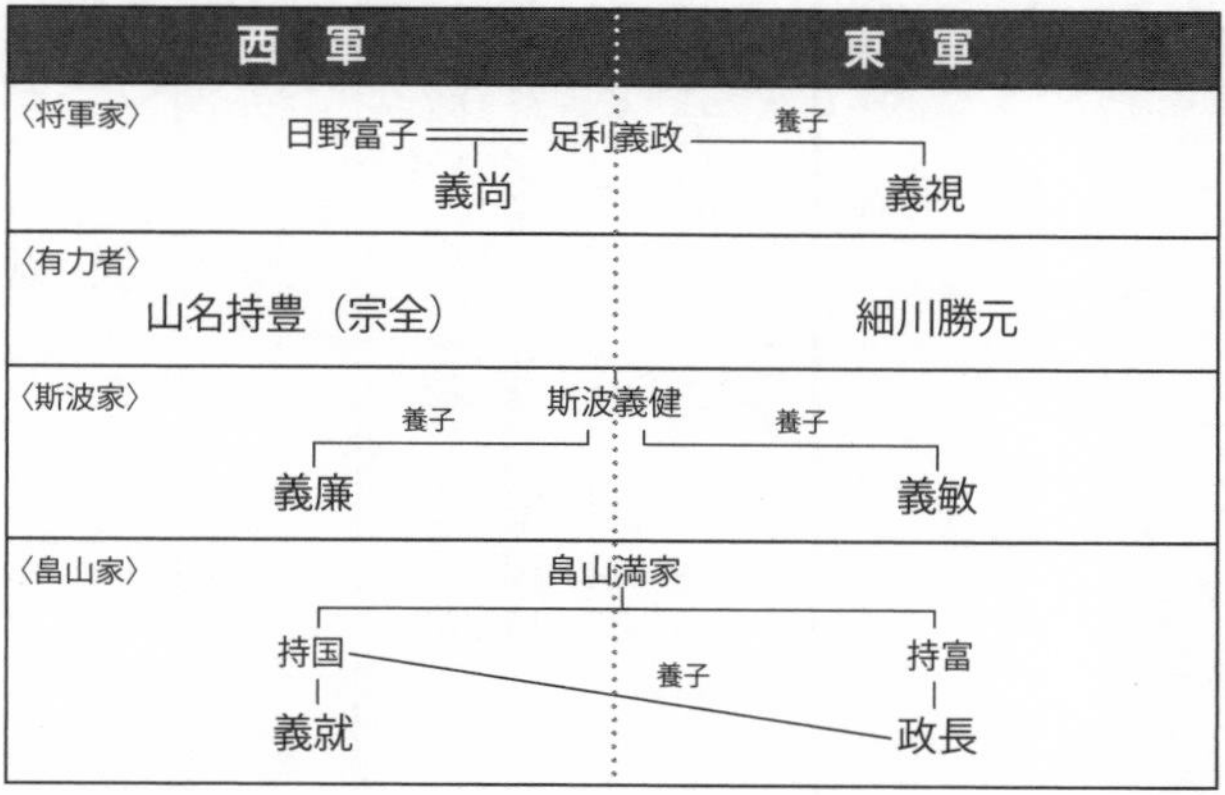

閉された後、殺害された。

それから7年後、富子は男子（後の義《よし》尚《ひさ》）を出産する。ところが、それまで、男子が産まれなかったため、すでにその前年、義政は弟の義視《よしみ》を後継者に指名していた。せっかく男子が産まれたのに、このままでは、わが子が将軍になれないと焦った富子は、山名宗全に義尚の後見を頼み込む。義視の後見人が細川勝元だったので、勝元に並ぶ実力者の山名宗全に目をつけたのである。しかし、それをきっかけにして、両者は対立、全国の守護大名を巻き込む応仁の乱へと発展していく。

文明5年（1473）、富子は、守護

大名たちの利害関係を巧みに利用して、義視を追い出し、わが子義尚を9代将軍につけることに成功する。その間、富子は内裏の修理費用を集めるため、京へ通じる七口に関所を設け、関銭を徴収した。しかし、内裏修理は名目で、その収入の大部分を彼女は自分のものとし、それを資金に高利貸しも行い、蓄財に励んだという。

ただ、富子のそうした行動も、義政の政治力の乏しさに起因するという見方もある。義政は、銀閣を建立するなど、東山文化を築いた人物だが、政治には関心のない将軍だった。そこで、富子は頼りにならない夫に代わり、幕府の権威を守ろうとしたといえるかもしれない。実際、富子は集めた資金をしばしば朝廷に献金している。朝廷に献上することで、幕府の立場を強化しようとしたとみられるのである。

戦国

そもそもなぜ、織田信長は本能寺に泊まっていたのか？

3

This book collects a series of behind-the-scenes incidents from Japanese history.

そもそも、「戦国時代」は、なぜはじまったのか？

1世紀以上も戦いの世が続いた戦国時代。なぜ、そんな長い戦いの時代がはじまったのだろうか？

その第一の理由は、室町幕府の統治力が弱かったことだったといえる。武家の時代には、鎌倉、室町、江戸の三つの幕府が生まれたが、鎌倉・江戸両幕府の力が強かったのに比べ、室町幕府の権力は脆弱《ぜいじゃく》だった。

とりわけ、6代足利義教の時代に、室町幕府の政治力は大きく低下する。義教は、幕府権力を強めようと、専制的な政治をおしすすめるが、それが反発を買って、守護大名の赤松満祐に殺害されてしまう。以後、政権内の内部対立が激しさを増し、応仁の乱へとつながっていく。

そのように、中央の権力が脆弱だと、地方の勢力が増してくる。そうして生まれたのが、土豪や国衆であり、やがて彼らのなかから、「戦国大名」と呼ばれる地方権力者が現れてくる。

そして、彼らは必要であれば、他者の土地を武力で侵し、近隣を制圧することもいとわなかった。そうして、戦国大名らが中央権力に頼らない生存競争を繰り広げた結果、武力闘争が頻発、1世紀以上におよぶ戦いの世が続くことになったのである。

戦国時代には、どんな貨幣が使われていた？

室町時代までは、さまざまな種類のお金が使われていた。奈良時代から使われていた皇朝十二銭、中国製の銅銭、私鋳銭《しちゅうせん》（民間が作った貨幣）まで、各種の貨幣が入り乱れて使われていたのである。

そんななか、日本では初めての「金貨」を流通させようとしたのが、武田信玄である。

信玄は永禄10年（1567）、ポルトガル金貨をまねた「甲州金」という金貨を鋳造し、家臣への恩賞金などに用いたのだ。

それまでは、金や銀で取引きするさいには、いちいち重さをはかる手間がかかったが、甲州金は、あらかじめ重さが決まっていたので、計量する必要はなかった。ただ、甲州金が流通・通用するのは、武田の領内にとどまっていた。

より広域の貨幣政策を打ち出したのは、織田信長である。信長は、上洛するとすぐに、流通中の貨幣を整理する「撰銭令《えりぜにれい》」を発布した。これによって信長は、良貨から私鋳銭にいたるまで貨幣を4種類にわけ、貨幣の価値基準をはっきりさせたのだ。

そうして信長は、流通中の貨幣をひとつの体系にまとめようとしたが、それでも完全に整理することはできず、その仕事は後に豊臣秀吉に引き継がれることになる。秀吉は統一通貨を鋳造し、それが天正15年（1587）に作られた天正通宝である。

さらに、徳川家康は、「寛永通宝」を作り、広く庶民に普及させた。この貨幣はサイズが2・4センチと小さく、持ち運びにも便利だったため、幕末に至るまで広く使われることになった。

戦国大名がわずかの供を連れただけで、上洛できたのはなぜ？

戦国大名には、ときどき上洛する者がいた。15世紀末には、奥州の伊達成宗が二度入京しているし、16世紀半ばには上杉謙信や織田信長も上洛している。

彼らの上洛は、自国の大軍に守られてのものではなかった。わずかな供回りを連れただけで上洛したのだが、途中で他の戦国大名から襲われることもなく、無事に領国と京都を往復している。

彼らが丸腰に近い姿で京都にまで上れたのは、戦国時代なりのルールがあったからだ。もし、彼らが武力で上洛を目指したのなら、通り道となる国の大名は、合戦を選択する。ところが、ただ京都に行くことだけが目的であれば、邪魔立てはしなかったのだ。

戦国大名どうしの対立要因のほとんどは、領地をめぐってのもの。逆にいえば、領地さえ脅かさなければ、特別な利害関係は生じない。領国を通過する戦国大名が礼儀を尽くすのであれば、通り道を治めている戦国大名は、その通過を認めたのである。

たとえば、上杉謙信が、天文22年（1553）に上洛したときは、越前を通過するため、越前を支配していた朝倉氏の了解を求めている。謙信は、当時の朝倉氏の実力者・朝倉宗滴《そうてき》に、太鷹と鳥籠を贈り、礼儀を尽くして通過の安全を得たのだった。

もちろん、不測の事態が起きることはありえ、織田信長は永禄2年（1559）に上洛したさい、京都で美濃の斎藤氏の刺客に命を狙われている。そのときは、信長がその情報を早くにつかみ、事なきを得ている。

足利将軍のうち、いちばん強かったのは？

室町幕府は、8代義政のときに大きく傾く。義政は政治には無関心で、政務は守護大名らにまかせ放し。その守護大名どうしの対立から応仁の乱が勃発し、世は戦国時代へと移っていく。

そんな戦国の世、幕府再建と足利家再興に立ちあがったのが、13代将軍の義輝だった。義輝は、各地の戦国大名どうしの諍いに関して和解調停を行い、将軍家の威信を多少は回復することに成功した。

彼は「剣豪将軍」とも呼ばれ、鎌倉から江戸期の将軍のなかでも、最も剣の腕がたったとみられている。

当時、剣術家として名高かった塚原卜伝や上泉信綱から教えを乞い、免許皆伝の腕前だったのである。

義輝は、塚原卜伝が京に立ち寄っていると聞くと、指南を求めたという。卜伝が教えると、義輝の腕は天才的で、卜伝は自らが開いた鹿島新当流の奥義「一《ひとつ》ノ《の》太《た》刀《ち》」を伝授したと伝えられる。

一方、上泉信綱は、剣の腕に加えて、剣を持つ相手に素手で戦いを挑む技も極めていた。義輝も、その無刀で戦う技を伝授されたと伝わる。

ただし、義輝は29歳のとき、政敵に数十人もの刺客を送りこまれ、暗殺された。そのさい、義輝は果敢に応戦し、一人で三十数人を倒したとも伝えられている。

少年時代の上杉謙信はいかに〝軍事センス〟を磨いたか？

戦国武将の中で、誰がいちばん強かったかを語るとき、かならず候補の一人にあがるのが、越後の上杉謙信である。上杉謙信は、同じく名将の誉れ高い甲斐の武田信玄と川中島の合戦で五度も戦い、痛み分けに終わっている。関東にも進出、小田原を根城とする北条氏をさんざんに苦しめている。また、織田信長の軍勢を北陸で蹴散らしたこともある。

上杉謙信は、越後守護代であった長尾為景の末子として生まれた。末子だけに余分な者扱いされ、春日山城の麓にある林泉寺に預けられた。謙信、7歳のときのことだ。ここで、将来は僧侶となるべく教育を受けたが、同時に武将としての英才教育も授ることになる。

林泉寺で謙信を教育したのは、天室光育《てんしつこういく》である。当時の高僧は、宗教者であると同時に、現代でいう知識人でもあり、中国の古典にも通じていた。天室光育は、謙信に中国の兵法も教えたようだ。謙信の将来は僧侶と予定されていても、当時は戦国の乱世である。合戦や内紛で一族の多くが死ねば、寺にいた者であれ、還俗し、残された一族を率いて戦わなければならない。天室光育は、そこまでを見通していたのかもしれない。

そのため、謙信が楽しんでいた遊びも、学僧になるためのものとはかけ離れていた。謙信は、林泉寺で戦争ゲームをしていたのである。

まずは、一間四方（3・3平方メートル）の空間に、ミニチュアの山城を造る。そして、城兵と攻め手方の人形を作り、城攻めゲームや防衛ゲームを楽しんだのだ。謙信は、その戦争ゲームを通して、城郭攻防戦の基本を学びとったのだ。

その謙信が受けた英才教育は、早くに成果を見せる。父・為景の死後、兄の晴景が跡を継ぐが、その統治は不安定だった。そのため、謙信に出番が回ってくる。謙信は林泉寺を出て、14歳のときには戦場に立っている。謙信はまだ少年なのに、タフな統率力を見せ、反乱の起きていた中越を平定、反乱者一族を自害に追い込む。

越後では、謙信待望論が沸き上がり、謙信は、兄・晴景に代わって越後を背負っていくことになるのだ。

織田信長が徳川を滅ぼさず「同盟」を選んだのはなぜ？

織田信長の同盟者といえば、徳川家康。永禄4年（1561）、両者は同盟を結び、以後、約20年間、信長が本能寺の変で倒れるまで、その同盟関係は続いた。

信長と家康は、当初は対立関係にあった。もともと、徳川家は三河の一勢力であり、今川義元の配下にあった。ところが、桶狭間の戦いで、義元が信長に敗れ、突然、命を落としたことで、家康は今川家から独立して、三河統一を目指しはじめる。

一方、信長は、今川義元を倒した勢いを駆って、三河方面の攻略を目指し、信長と家康は一時、国境付近で小競り合いを繰り返した。

それが同盟へと変わった第一の理由は、信長が攻撃目標を美濃に絞ったことだった。当初、信長は、美濃と三河の二方面に勢力を伸ばそうとしていたが、両面作戦の困難さを悟り、美濃侵略に力をそそぐことにしたのだ。

また、尾張・三河の国境地域では、停戦を望む声が増えていた。今川義元と織田信秀の抗争以来、尾張・三河の国境では戦乱が続き、人々はそれに倦《う》んでいた。そうした声を背景に、刈谷城主の水野信元が仲介者となって、信長と家康は和睦の方向に向かう。

水野信元の斡旋は、家康にとっても渡りに舟だった。信長と同盟を結べば、西の国境を気にすることなく、三河統一に打ち込める。というわけで、この同盟は、両者にとってともに大きなメリットのある同盟関係だったのである。

織田信長は本当に
ドクロの盃で酒を飲んだのか?

織田信長は、「ドクロの盃で酒を飲んだ」という俗説がある。それによると、天正2年（1574）の正月、信長は、その4か月前に滅ぼした朝倉義景、浅井久政・長政親子の頭蓋骨で作った三つの盃に、酒をそそぎ、家臣たちに回し飲みさせたという。

この話は、まったくのウソではないにしても、かなりの誇張が含まれている。

『信長公記《しんちょうこうき》』によると、たしかに、その正月の宴に、義景、久政、長政3人の頭蓋骨が出されたとは記されている。

ただし、それを盃にして酒をそそいだり、飲んだりしたという話は書かれていない。『信長公記』には、「三つの頭蓋骨を箔彩《はくだみ》にしたものが、膳に据え置かれて出てきた」という意味のことが書かれているだけ。「箔彩」は、漆を塗って金粉で塗り固めることであり、三つの頭蓋骨は、盃としてではなく、一種の正月飾りとして並べられたようだ。

なお、戦国時代では、敵将のドクロは勝利のあかし。ドクロの飾りに嫌悪感を抱く者など、信長の家臣にはいなかったはずだ。『信長公記』には、祝宴は盛況のうちに終わったと記されている。

若き伊達政宗は母親との関係をどこでこじらせた?

戦国時代後期、東北の覇権を握ったのは、伊達政宗だった。政宗は天下盗りの野望を抱いていたとみられるが、生まれた時代が少し遅かった。すでに豊臣秀吉が全国統一を進めている時代であり、伊達政宗は、北条氏を攻めている豊臣秀吉のもとに出向き、従うことになる。

そこに至るまで、若き伊達政宗が抱えていた最大の問題は、母親問題である。政宗の生母・義姫は、政宗を嫌っていた。政宗は、その母に足を引っ張られ、勢力拡大が遅れたともいえる。

伊達政宗が生母に嫌われたのには、さまざまな理由があったようだ。一つは、伊達政宗の容貌にある。政宗は、幼いころに疱瘡を患い、その影響で右目が不自由になった。その右目を小刀で潰したといわれ、それが「独眼龍」という政宗の異名のもとになる。母は、その政宗を嫌い、その反動で政宗の弟の小次郎をかわいがる。ついには、政宗を廃して、伊達家を小次郎に継がせようと画策しはじめる。

義姫がわが子を嫌ったのには、もう一つ理由があったようだ。義姫は、伊達家のライバル最上家の出身であり、政宗の野心と聡明さは、やがて生家に禍をなすと考えたのだろう。

政宗の母・義姫は、山形城主・最上義光《もがみよしあき》の妹。最上氏と伊達氏は国を接し、たえず一触即発の状態にあった。そのため、義姫は、政略結婚として、政宗の父伊達輝宗に嫁いだのだが、彼女は嫁いでからも、実家の最上氏の視点で伊達家を見ていたようだ。

最上氏は、室町幕府を担った足利一門の流れをくみ、伊達氏よりもはるかに名門である。そのため、最上氏には伊達氏を見下す傾向があり、むろん伊達氏の強大化を望んではいなかった。政宗に伊達家を治めさせていると、やがては最上氏を圧する可能性があるため、義姫は政宗を伊達家当主の座から引きずりおろしたかったのである。

実際、義姫は、身を挺して最上氏を守ったこともある。天正16年（1588）、兄である最上義光と政宗の軍勢が対峙したとき、彼女は戦場付近にまで輿《こし》を進めて、80日間、滞在した。この牽制により、伊達政宗は軍を動かせず、引き揚げざるをえなかった。

こうして、伊達政宗の東北統一は遅れ、西からは豊臣秀吉の勢力が巨大化してきた。政宗は、秀吉のいる小田原に急ぎ参陣しなければならなくなったが、そこでも母の妨害に遭う。小田原へ出発する当日になって、母は政宗を毒殺しようとしたのだ。これは未遂に終わり、母・義姫は里の山形に逃走。政宗と母親との戦いは、こうして終わった。

鉄砲集団・雑賀衆は、鉄砲を買う資金をどうやって稼いだ？

天文12年（1543）、鉄砲が種子島に伝来すると、いち早く鉄砲を取り入れた軍事集団に「雑賀衆《さいかしゅう》」がいた。現在の和歌山県の紀ノ川河口付近を根拠地とした集団であり、その後、鉄砲を用いた戦術で織田信長らを悩ませる。

とりわけ、信長と石山本願寺との戦いでは、雑賀衆は石山本願寺につき、織田軍を脅かした。織田軍は、雑賀衆の鉄砲戦術に苦戦し、信長自身も負傷したことがある。

その後、信長は、本願寺を倒すためには、雑賀衆を屈伏させることが必要と考え、信長自身が大軍を率いて、紀伊に侵攻する。そのさい、雑賀衆は織田軍にも大きな打撃を与える。そして、いったんは降伏するものの、すぐに再び動きはじめる。

雑賀衆は、信長が本能寺の変で倒れると、こんどは豊臣秀吉に歯向かい、天正13年（1585）に壊滅させせられるまで抵抗を続けた。

では、なぜ雑賀衆は、高価な鉄砲を大量に調達することができたのだろうか？彼らは、その資金はどうやって工面していたのだろうか？

雑賀衆の中心メンバーは、国人や地侍と呼ばれた在地の土豪。紀ノ川周辺の土地が農業に不向きだったこともあって、彼らは、主に海を利用した交易業や漁業、海運業などに従事していた。雑賀衆は、そうしたビジネスによって資金を稼いで、鉄砲購入に充てていたとみられるのだ。

そもそもなぜ、織田信長は本能寺に泊まっていたのか？

織田信長が明智光秀に襲われ、命を落とした寺といえば、京都の本能寺である。天正10年（1582）、豊臣秀吉の高松城攻めを応援するため、本能寺に宿泊していた信長は、丹波亀山城から進撃してきた光秀に襲われ、49歳の生涯を閉じたのだった。

それにしても、なぜ信長は京の都に城をかまえず、寺を宿泊先に選んだのだろうか。

もともと信長は、本能寺や妙覚寺などの寺を、京での定宿《じょうやど》としていた。それには、いくつかの理由が考えられる。

まずひとつに、京都と安土城が近かったことがあげられる。船を使って琵琶湖を渡れば、本拠地の安土城から京都まで半日で行けたことから、あえて京に城をかまえる必要がなかったのだ。

また、別の理由として、信長は京都の公家文化から距離を置いていたのではないかともみられる。たとえば、平清盛や室町幕府の歴代将軍たちは、京の都で公家らと接するうちに、武士でありながら、しだいに公家化していった。

そこで、信長は、公家化したばかりに、没落していった彼らの歴史をふまえ、武士であり続けるため、京の町に住もうとしなかったと考えられるのだ。

ただし、もし信長が京都に築城していれば、本能寺で襲われることはなく、日本の歴史が大きく変わっていたとはいえるだろう。

豊臣秀吉は誰から和歌を習った？

豊臣秀吉は、きちんと学問をしたわけではなかったが、文字が書けないわけではなかった。むしろ、なかなかの筆まめで、配下に手紙でこまめに指示を送っているほか、北政所や淀殿にもしばしば愛情こまやかな手紙を書き送っている。

また、秀吉作の和歌を見ると、秀吉がかなりの作歌センスを備えていたことがうかがえる。

たとえば、秀吉の辞世の句「露と落ち　露と消えにし我が身かな　なにはのことも夢のまた夢」は、今でもよく知られている歌。その意味は「わが身も、露のようにこの世に生まれ、露のように消えてしまう。振りかえれば、なにもかも、あの難波のことも夢の中で夢をみているような出来事だった」というあたり。

他にも、秀吉作としては、実子・鶴松を亡くしたときに詠んだ「なき人のかたみ

に涙残し置きて　行方しらずに消えはつるかな（亡き若君のかたみとして涙を残しておいて、行方も知らずに消え果ててしまった）」という歌も伝わっている。

秀吉は関白に任ぜられると、武将であり歌人でもあった細川幽斎から和歌を習ったという。細川幽斎は、もとは室町幕府の幕臣で、将軍家にも近かった三淵晴員の次男として生まれ、父の兄である細川元常の養子となった。初めは足利将軍家に仕えたが、やがて織田信長に従い、丹後宮津11万石の大名となった。

その一方、幽斎は、藤原定家の歌道を受け継ぐ二条流の歌道伝承者から『古今和歌集』について学び、近世歌学を大成した文化人でもあった。秀吉は、その当代一流の歌人から和歌の手ほどきを受けたというわけである。

千利休の本名は「田中」だった!?

千利休は「わび茶」の完成者として知られる茶人。「千」という姓も茶聖にふさわしいように思えるが、この姓は本名ではなく、もともとの名は「田中」だった。

利休は大永2年（1522）、和泉国堺の倉庫業者「魚屋《ととや》」に生まれた。父の名は田中与兵衛、利休自身の幼名は「田中与四郎」だった。先祖をたどると、足利将軍家の近くで、雑務や芸能を担当する「同朋衆《どうぼうしゅう》」の家系だった。

同朋衆は僧の体裁をとり、利休の祖父は「田中千阿弥」と名乗っていたが、仕えていた9代足利義尚が病死したことをきっかけに、堺で隠居した。

その子である田中与兵衛は、その後、父の「千阿弥」という名から一字をとって、「千」を姓として倉庫業をはじめる。そのため、利休は「千与四郎」と呼ばれることになった。その後、利休は仏門に入ったさい、法号を「宗易《そうえき》」とし、「千宗易」と名乗るようになった。

ちなみに、「利休」という名は、天正13年（1583）、秀吉が禁中で茶会を開き、利休がその後見人に指名されたさい、朝廷より与えられた居士号。居士号とは、俗人のまま仏道へ入っている者に与えられる名前で、禁中に入るときに必要とされた。

この「勅旨居士号」は、茶会で宮中に入るため、臨時に付けられた名前だったが、利休は朝廷から与えられた名をその後も使い続けたとみられている。

山崎の戦いで敗死した明智光秀の首は一体どこに？

明智光秀は、本能寺で織田信長を討った後、信長の首級を探させたが、見つからなかった。光秀がそれらしい首級を見つけ出し、信長の首級として本能寺の焼け跡にさらせば、歴史は変わっていたかもしれない。

当時は、倒した敵将の首級を京都の町でさらすことが、実質的な勝利宣言だった。じっさい、山崎の戦いで、明智光秀に勝利した羽柴秀吉は、光秀の首級を京都粟田口や本能寺でさらした。しかし、それが、本当に光秀の首級だったかどうかはわからない。現実に、当時も疑いがもたれたが、光秀の首級がいったん京都の町にさらされたことで、世の中全体の流れは、光秀は亡き者として動き出した。

光秀は、天正10年（1582）6月13日、山崎の戦いで秀吉軍に敗れ、夜陰にまぎれて近臣数十名とともに近江坂本城をめざした。途中、小栗栖《おぐるす》（現在の京都市伏見区）付近にさしかかったところ、落武者狩りの集団の襲撃により、あっけない最期を遂げた。『豊鑑《とよかがみ》』によれば、里の細い道を馬に乗って進んでいると、垣越しに突き出された鑓《やり》が光秀の脇に当たり、馬から転げ落ちてしまったという。

敗走をあきらめた光秀は、重臣の溝尾勝兵衛に首を打たせた。勝兵衛は、首級を近くの藪へ隠し、胴体は泥田の中へ隠した。だが、翌14日には、光秀の首級が見つけられ、秀吉側へ届けられる。さらに胴体も見つけ出され、ともに京都の町にさらされた。これによって、秀吉は自らの勝利と光秀の敗北を宣言したのだった。

しかし、当時は、6月の湿気の多い頃。光秀の首級は腐敗が激しく、さらされたときには、すでに光秀の首かどうかわからなくなっていた。「あれは、本当に光秀の首なのか」という疑いの声が聞こえると、秀吉は、すぐに粟田口黒谷道の東に光秀の首塚を築き、光秀の天下が短期間に終わったことを世に知らしめた。

刀狩りで集めた刀を秀吉は本当に大仏建立に使ったのか？

豊臣秀吉は、天正16年（1588）7月、農民から武器を取り上げるため、「刀狩令」を発した。これによって、農民のもつ刀や脇差、槍、鉄砲などを没収。農民を武装解除すると同時に、武士と農民の身分をはっきりと分けた。

そのきっかけとなったのは、肥後での一揆である。

秀吉は、その前年、九州に遠征して平定した。そして、有力な国人の多かった肥後の国守として、佐々成政《さっさなりまさ》を任命し、国人の知行をそのままにすること、農民に酷税を課さないこと、一揆を起こさせないようにすることなどを指示した。

ところが、その方針を守ると、成政は外山（富山）から連れてきた家臣に知行を与えることもできない。窮地に陥った成政が、肥後の旧秩序に手をつけはじめると、国人らが一揆を起こした。

秀吉は、黒田や毛利、島津らに出撃を命じて一揆を鎮圧させると、国人を一掃して一気に領主制を確立。同時に、その一揆に多くの農民が加わっていたことを知り、刀狩令を発したのだった。

また、その刀狩令では、取り上げた武器は、方広寺の大仏の釘やカスガイにするので、刀などをさし出した農民はあの世まで救われると告知した。

当時は、信仰の証として、刀を仏に捧げることが一般化されていた。たとえば、鎌倉時代にも、北条泰時が、鎌倉市中の僧侶の帯刀を禁じたとき、没収した刀は鎌倉大仏造立に使われたといわれる。

そこで、秀吉も刀狩令発令にさいして、方広寺の大仏造立に捧げるとして、農民の抵抗心を奪ったのだった。

しかし、現実には、大仏の釘やカスガイになった刀剣類は、ごく少量だったとみられる。

秀吉が破壊した「聚楽第」の存在を今に伝える痕跡とは？

関白となった豊臣秀吉は、平安京の大内裏跡（現在の京都市上京区にあたる）に、政庁兼邸宅を建てた。それが、聚楽第である。

桃山文化の粋を集め、瓦に金箔を貼るなど贅を尽くした建物は、天正15年（1587）に完成した。建設に要した労働力は、大坂城を超えたといわれる。

その年の9月、秀吉は九州平定を終えた後、大坂城からこの聚楽第へ移り、政務の場とした。その後、後陽成《ごようぜい》天皇の行幸を迎え、徳川家康や天正少年使節との謁見も、この建物で行った。聚落第は「第（＝邸）」と呼ばれるが、天守をもつ本丸に二の丸などの郭をもち、約8キロにも及ぶ堀をめぐらせた平城だった。

ところが、この聚楽第が、どのような建物だったか、詳しくはわかっていない。「聚楽第屏風図」で外見をうかがうことができる程度で、詳しい史料が何一つ残っていないからだ。完成から8年後、秀吉自身が跡形もなく破壊してしまったので、内部については知るすべがないのだ。

秀吉は、天正19年（1591）、関白職を養子の秀次に譲り、次の建物に移るべく伏見城の築城を始めた。

ところが、実子の秀頼が生まれると、秀吉の秀次に対する態度は、急に冷たくなる。そして、秀吉は、秀次の関白職を解いて高野山へ追放、さらには自害を命じる。そのうえ、秀次の邸宅となっていた聚楽第さえも破壊した。そうして、聚楽第は幻の建物となってしまったのだった。

別の史料などによれば、聚楽第の建造物の多くは、伏見城内へ移築されたとされている。

豊臣秀吉の死後、その側室たちはどうなった？

豊臣秀吉は、その死の5か月前の慶長3年（1598）3月15日、京都の醍醐寺に諸大名など1300人を集め、盛大な「醍醐の花見」を催した。そこには、正室の北政所とともに、淀殿、松の丸殿、三の丸殿、加賀殿の4人の側室も参加していた。秀吉には、生涯で30人近い側室がいたとみられるが、この4人が醍醐の花見に呼ばれたことは、晩年の秀吉がこの4人の側室を気に入っていたことを示している。

では、秀吉の死後、4人の側室は、それぞれどうなったのだろうか？

淀殿は、自分の子である秀頼とともに大坂城へ入り、関ヶ原の戦い後は家康と対立。慶長19年（1614）と慶長20年（1615）の大坂の陣で完敗し、秀頼とともに自害した。彼女の遺体は発見されなかったが、墓所は、京都市の養源院と大阪市の太融寺にある。

松の丸殿は、秀吉の死後、実兄の京極高次の住む大津城へ身を寄せた。関ヶ原の戦いでは、高次が徳川方につき、大津城は西軍に包囲される。彼女のいた天守二層目に飛び込んできた大砲で、侍女二人が即死。彼女自身も気絶するが、戦いの後、京極家は、この合戦の功績で若狭小浜藩9万2000石を与えられる。松の丸殿は、一時期衰えていた実家が甦ったことを喜んだという。

その後、彼女は、京都の誓願寺に帰依し、秀吉の菩提を弔った。そして、京都から秀頼のもとへたびたび贈り物をしたり、会いに行き、その成長を楽しみにしていたという。

また、大坂の陣で秀頼が自害し、その子国松が処刑されると、国松の亡骸をもらい受け、誓願寺に埋葬した。寛永11年（1634）9月1日に亡くなり、墓所は豊国廟にある。

信長の遺児でもある三の丸殿は、醍醐の花見のとき、まだ20歳前後。秀吉の死後、20歳以上歳上の二条昭実に嫁いだ。しかし、結婚後、わずか5年で早世したと伝えられる。墓所は、京都市の妙心寺にある。

加賀殿は、前田利家の三女で、醍醐の花見のとき、26歳となっていた。秀吉が死ぬと、権大納言の万里小路充房《までのこうじあつふさ》に嫁ぎ、男の子をもうけた。その後、キリシタンとなったが、病気がちだったこともあって、離婚して故郷の加賀へ帰り、34歳で亡くなった。

遺体は、教会へ運ぶように遺言したが、かなわず、京都市の大徳寺塔頭・芳春院に葬られた。現在の墓所も、そこにある。

石田三成の「忍城水攻め」が失敗に終わったのは？

石田三成は戦下手だったといわれるが、当時からそういう印象があったのは、忍《おし》城の水攻めに失敗したからだった。

天正18年（1590）、豊臣秀吉は、関東の北条氏を攻め、大軍で北条氏の本拠地・小田原城を囲んだ。そのさい、三成は北条氏の支城、忍城の攻略をまかせられたのだ。

忍城の城主は成田氏長だったが、彼は小田原城防衛に駆り出され、不在だった。

留守を支えたのは、氏長の夫人らである。城方の兵は3700余り、三成は2万3000の兵で城を囲んだ。

　そのさい、城の周辺に湿地が多かったことから、三成は水攻めを選択する。水攻めは、かつて秀吉が毛利の備中高松城攻略に用いた手法であり、この戦法を選択したことには、秀吉の指示があったともいわれる。

　三成は、全長14キロもの堤防を完成させ、荒川と利根川の水を流しこんだ。やがて、雨が降りはじめ、両川から水が押し寄せたが、城方の戦意が挫けることはなかった。

　城方は、泳ぎのうまい者を集め、堤防の決壊工作を企てた。破壊作業は成功し、堤防は決壊、濁流は逆に石田方の兵士らを襲った。

　水攻め作戦は失敗し、三成は総攻撃を決意する。だが、忍城方の戦意は高く、総攻撃は失敗、ついに三成は忍城を落とすことができなかった。

　忍城が開城したのは、総攻撃から11日後のこと。総攻撃の日、小田原城の北条氏直は、すでに豊臣秀吉に降伏していた。本城陥落の報せが伝わって、支城の忍城は戦う理由がなくなり、開城したのだった。

秀吉に認められた石田三成の「お茶汲み伝説」は本当かウソか？

石田三成といえば、秀吉の死後、豊臣家から天下を奪おうとする徳川家康に対して、西軍を結成するものの、関ヶ原の戦いで敗れ、処刑された。

三成は、処刑前、白湯を飲みたいと所望したといわれる。警護の者が、湯はないので干し柿で我慢せよと言っても、納得しない。

三成にいわせれば、干し柿は体によくないという理由からだ。この期におよんでも、体を労《いたわ》り、逆転のチャンスを狙ってのこととされるが、三成が世間に初登場する逸話にも、飲み物が登場する。

石田三成は少年時代、近江の寺院の童子だったといわれる。近江の長浜城主だった秀吉が、鷹狩りの途中、その寺に立ち寄ったときのこと。秀吉は茶を所望し、これに応対したのが後の三成、佐吉少年だった。

三成は、まずはぬるいお茶を大きな茶碗に7〜8分目まで入れて、秀吉に供した。

秀吉はそれを一気に飲み干し、2杯目を所望した。すると、三成は、今度は前よりも少し熱くし、量は半分くらいの茶を出した。秀吉はそれを飲み、3杯目を所望した。次に出てきたのは、熱くて少量のお茶だった。

最初は、喉が渇いているはずだから、ぬるい茶をたっぷり。しだいに、量を減らし、熱い茶の味を楽しめるようにと、三成は配慮したのである。

秀吉は、その三成の少年らしからぬ頭の働きに感心し、家来に取り立てたといわれている。

このお茶汲みの話は有名だが、どこまで本当かわからない。石田三成という人物が当代屈指の才人であり、こまやかな心遣いのできる人だったところから、創作された可能性が高い。

一つだけたしかなことは、石田三成が近江で秀吉に見込まれ、取り立てられたことである。当時、織田信長は、近江北部の統治を秀吉に任せていた。秀吉にすれば、領民から見込みのある者をスカウトする必要があり、そのなかに三成もいたのである。

村上水軍や九鬼水軍はどうやって姿を消した？

村上水軍と九鬼水軍は、戦国時代を代表する水軍。ともに、もとは海賊で、戦国大名と連携するうちに水軍化した。

そのうち、村上水軍は瀬戸内海を根城とし、毛利氏の水軍の中核となった。天文24年（1555）、毛利元就が陶晴賢《すえはるかた》を倒した厳島《いつくしま》の戦いで活躍。さらに天正4年（1576）の第一次大坂・木津河口の戦いでは、毛利方として織田水軍を打ち破っている。

ところが、豊臣秀吉の天下となり、秀吉が天正16年（1588）、海賊禁止令を出すと、村上水軍は重要な資金源を失う。さらに、朝鮮に侵攻した文禄・慶長の役では、水軍として動員され、多数の死者を出した。江戸時代になって世の中が落ちつくと、村上水軍はいよいよ居場所を失って、その一部は豊後国に封じられ、一部は長州藩の船手組となって、かつて瀬戸内海を支配した村上水軍は消滅した。

一方、九鬼水軍は熊野水軍の流れをくみ、志摩（現在の三重県）を根拠地とした。九鬼嘉隆《よしたか》は、織田信長に仕え、信長の死後は豊臣秀吉の配下に入り、豊臣水軍の中核となった。文禄・慶長の役でも活躍するが、華々しい活躍はそこまでだった。

以後、九鬼水軍も仕事場を失い、単なる小大名となっていく。九鬼嘉隆は関ヶ原の合戦で西軍につき、徳川家康の東軍の勝利を知ると自刃する。子の九鬼守隆は東軍につき、5万6000石の中堅大名として遇されるが、その子供たちがお家騒動を起こし、摂津三田《さんだ》、丹波綾部と、内陸部へ追いやられていく。そうして、水軍の面影をすっかり失い、平凡な小大名として江戸時代を過ごした。

北政所と淀殿は、どれくらい不仲だったのか？

前述したように、豊臣秀吉には多数の側室がいたが、なかでも別格的な存在だったのが、淀殿である。淀殿は、織田信長の妹のお市の娘であり、血筋がいいうえ、二人の男児を産んだ。そのうち、一人は幼くして亡くなったが、もう一人が秀頼として豊臣家の後継者となる。秀吉は、そうした淀殿を溺愛した。

その一方、秀吉は正妻の北政所も大切にした。北政所は、秀吉が下級武士だった頃から連れ添った糟糠の妻であり、終生、仲はよかった。

その北政所と淀殿は、仲がよくなかったともいわれ、それが秀吉の死後、豊臣家の分裂にもつながったとされるが、かならずしもそうとはいいきれない。

まず、淀殿は、北政所を立てなければならない立場にあった。秀吉は生前、淀殿を寵愛していたものの、公の場では明確な一線を引き、正室・北政所を豊臣家の女性のトップとして扱い、そのことを淀殿にもかたく守らせていた。

一方、北政所にすれば、自らは子をなすことがなかった。その点で心苦しくもあり、秀吉の子を産んでくれた淀殿には、ある意味で感謝の念を抱き、豊臣家の大事な跡取りとして、北政所は秀頼をかわいがった。

秀吉の死後、二人の女性は不仲になったというより、疎遠になったといったほうがいいだろう。北政所は出家して高台院と名乗って、京都で暮らし、豊臣家の内政と関わらなくなった。一方、淀殿は大坂城内で暮らしたため、二人はほとんど接触することがなくなったのだ。

剣豪・宮本武蔵が戦場で負ったケガとは？

剣豪・宮本武蔵の実像には、はっきりしないことが多い。まず、その出身地をめぐっても、吉川英治の小説では、今の岡山県（美作《みまさか》）となっているが、武蔵自身が書いた『五輪書』には「生国播磨（兵庫県）」と記されている。美作説は、江戸後期の地誌『東作誌』に記されていて、吉川英治はその説を小説で採用した。

とにかく、武蔵に関しては有力な史料が乏しく、本人が書いた『五輪書』にしても、そこには吉岡一門との決闘や佐々木小次郎との巌流島の決闘については記されていない。武蔵自身は、世に知られる二大決闘に関して書き残していないのだ。

一方、武蔵がはっきり書き残していることに、寛永15年（１６３８）の島原の乱で、負傷した一件がある。当時、武蔵は、すでに50代半ばとなっていて、中津城主・小笠原長次の後見として出陣する。養子の伊織が従った小倉城主・小笠原忠真が、長次の叔父にあたったからである。そのさい、武蔵は、本丸の石垣をよじ登ろうとして、落とされた石を脛に受けて動けなくなったという。

この話は、その城の落城直後、武蔵本人が、日向延岡城主の有馬直純に宛てた手紙に記しているもの。本人が書いているのだから、年老いた武蔵が落石を避けそこなったのは、間違いがないことのようだ。

戦国武将に出家した人が多いのは？

戦国大名には、出家した人が少なくない。武田信玄、上杉謙信をはじめ、北条早雲、斎藤道三、伊達輝宗、細川藤孝、筒井順慶、島津義久、蜂須賀家政らは、出家者だった。また、今川義元は、まずは僧侶となり、その後、還俗して戦国大名になった。

彼らが出家の道を選んだ背景には、むろん当時の人々の信仰心の厚さがあった。ただ、彼らは、出家したからといって、殺生（合戦）をやめたわけではなかった。

多くの大名は、出家後も戦いに余念がなかった。

ときに、出家は、政治的なポーズとしても利用された。その成功例は、細川藤孝（幽斎）が本能寺の変の直後、剃髪・出家したケース。藤孝は、親しくしていた明智光秀から味方することを求められるが、出家して中立の立場へと逃げ込んだのだった。

薩摩の島津義久が出家したのも、一種の政治的ポーズだった。豊臣秀吉の軍勢に敗れた島津義久は、降伏するさい、自身が剃髪・出家するかたちをとることで、秀吉にゆるしを乞い、島津家を守ったのだ。

酒を最も好んだ戦国武将は誰？

戦国武将のなかでも、とりわけ酒好きで知られたのは、上杉謙信である。謙信が愛用した酒器は「馬上盃」と呼ばれるもので、3合入りのどんぶり状の器だ。もともとは、乗馬したまま飲むときに使う盃だが、謙信は屋内で飲むときにもこの器を愛用したという。

もう一人、酒好きで有名なのが、福島正則だ。彼は、酔うと暴れたり、わめいたりして、周囲を手こずらせるタイプだったようだ。

「酒は飲め飲め飲むならば」ではじまる黒田節に登場する殿様も、彼である。安芸広島藩主である福島正則が、福岡藩の黒田長政の家臣・母里太兵衛《もりたへえ》を迎えたとき、酔っぱらった福島が、母里に酒を勧めた。その飲みっぷりのよさに感心した福島が、名槍『日本号』を与えた。その様子を唄ったのが、黒田節なのだ。

加藤清正も酒好きで、かなりの量を飲んだようだ。大暴れする酔っぱらいを「虎」というが、これは加藤清正の幼名・虎之助に由来するという説もあるほどだ。

伊賀者を従え、家康に仕えた服部半蔵の晩年の日々とは？

忍者「服部半蔵」をモデルとした小説や時代劇、漫画、ゲームは、数えきれないほどある。「服部半蔵」は、忍者の代名詞のようになっているが、じつは「服部半蔵」は一人だけではない。服部半蔵家の歴代当主は、代々「半蔵」を通称としていたのである。

初代の服部半蔵（半三とする記録もある）保長は、伊賀の忍者・服部氏族の子孫だが、生活に困って伊賀を出て、室町幕府12代将軍足利義晴に仕えた。しかし、室町幕府の先行きが不安であることを察知すると、三河へ赴き、松平清康に仕える。

その後のことは不明だが、松平家が家康（のちの徳川家康）の時代になると、服部半蔵家も2代目の正成の時代になる。いわゆる「服部半蔵」として、世間に知られるのは、この2代目である。

しかし、正成自身は、槍の名手として知られた武士であり、忍者ではなかった。忍者は、初代までである。

2代目正成が有名になったのは、本能寺の変直後、少数の供だけを連れて堺に滞在していた家康が、服部半蔵家の出身地である伊賀を抜けて、伊勢から三河へ戻るまでを護衛し、安全に通行させたことがきっかけになっている。

その後、家康が関東に入ると、正成は伊賀同心200人らの頭領となり、8000石を領した。自身は武士だったが、父親が伊賀出身だったことから、徳川家に召し抱えられた伊賀忍者を統率することになったのだ。

当時、服部半蔵の屋敷が現在の半蔵門の前にあったことから、その門は「半蔵門」と呼ばれ、現在まで地名、駅名として残っている。

晩年、正成は、剃髪して名を「西念」と改め、四谷の西念寺に入る。そこは、正成が生前、創建した寺だった。そして、それから3年後の慶長元年（1596）11月4日、正成は55歳でこの世を去った。墓は、いまでも西念寺にある。

正成の死後、伊賀同心の支配を引き継いだのは、長男の正就である。しかし、伊賀同心を家来扱いしたため、同心たちの反発を招き、解任を要求される。そのため、正就は職を解かれ、さらに大坂の陣に参陣したとされるが、最終的には行方不明となっている。おそらく戦死したと考えられている。

3代目正就の後を継いだのは、弟の正重。しかし、ここで服部家を不運が襲う。正重は、幕府の金庫番だった大久保長安の娘をめとっていたのだが、長安の死後、長安が生前、金山の統括権を隠れ蓑に不正蓄財をしていたという嫌疑を受け、7人の遺児が全員処刑された「大久保長安事件」の余波を受ける。姻戚関係にあった服部半蔵家も改易処分となったのだ。

その後、正重は各地を転々としたのち、桑名藩初代藩主の松平定綱に仕え、その子孫は桑名藩の家老職を務める家柄として存続した。

徳川家康が本願寺を東西に分けて運営させた狙いとは？

京都には「本願寺」と名のつく大きな寺が二つある。東本願寺と西本願寺だ。東本願寺は、京都駅前近く、七条烏丸にある。一方、七条堀川にあるのが西本願寺。西本願寺には国宝・飛雲閣があり、龍谷大学と隣接している。京都では東本願寺を「お東さん」、西本願寺を「お西さん」と呼ぶ。

京都に二つの本願寺が生まれたのは、徳川家康の命令によってである。本願寺はかつて大坂を本拠としていたが、織田信長に激しく抵抗し、和睦を結んだ後、大坂を追われた。

その後、豊臣秀吉によって天正19年（１５９１）、京都・七条堀川、いま西本願寺がある場所に移される。

秀吉が死去したのち、徳川家康は本願寺勢力の分断を狙って、もう一つの本願寺を造営させたのだ。

本願寺では、信長とも戦った教如《きょうにょ》が隠退し、弟の准如《じゅんにょ》に教主の座を譲り渡していた。

家康はすでに隠退していた教如と話をつけ、七条烏丸に土地を与え、もう一つの本願寺を運営させたのである。それが、今の東本願寺だ。

そのとき、家康には次のような考えがあったと思われる。一つは、本願寺の力を外に向けさせないことだ。信長の時代、大坂石山にあった本願寺は、信長に対する最大抵抗勢力となり、10年間にわたって信長を苦しめた。信長の同盟者であった家康は、本願寺とその信徒である門徒の恐ろしさを熟知していたのだ。

彼らの力を外部、とりわけ幕府に向けさせないためには、その勢力を二つに分断し、内側で競い合わせておいたほうがいい。家康はそう考えて、もう一つの本願寺を造らせたのだ。

江戸

食糧はあっても餓死者が続出した「飢饉」の謎とは？

4

This book collects a series of behind-the-scenes incidents from Japanese history.

山内一豊の妻千代が夫の死後まもなく土佐を去ったのは？

山内一豊といえば、妻の千代。内助の功で、夫を国持ち大名にまで出世させたといわれる賢妻である。有名なエピソードは、一豊がまだ織田家の下級武士だったころ、名馬が売りに出たときの話である。そのさい、千代は実家から持ってきていた金子《きんす》を差し出し、一豊はその名馬を手に入れ、それが信長の目に止まって出世の糸口をつかむという話である。

この有名な話は史実ではないという説が有力だが、千代が本当に一世一代の内助の功を発揮したのは、関ヶ原の戦い前後の時期である。

豊臣秀吉が死ぬと、徳川家康を中心とする権力争いがはじまり、一豊は早くから家康への忠誠を表明していた。そして、関ヶ原の戦い前、掛川の一豊へ、大坂での動きを正確に伝えていたのが、妻の千代だった。当時、40歳前後だった千代は、石田三成の監視下にありながらも、豊臣側の情報を夫のもとへ送り続けたのだ。

また、千代は一豊へ、「自分はどうなってもいいから、家康様に忠義を尽くしなさい」という内容の密書を送っている。そして千代は、その密書は開封せずに、家康に渡すように伝えた。一豊は、妻の言う通りにして、家康への忠誠心をアピールする。戦後、一豊が土佐20万石の藩主へと大出世したのは、こうした千代の助けが大きいといわれている。

ただし、一豊は、土佐では長宗我部《ちょうそかべ》氏の旧臣に反発され、統治に苦労する。その心労もあったのか、土佐に入国してから4年後の慶長10年（1605）、病気のために亡くなった。享年60だった。

賢妻の誉れ高い千代も、子どもは女の子を一人産んだだけだった。その子も、天正13年（1585）の天正大地震で、一豊が城主を務めていた長浜城が全壊したときに亡くなっていた。そのため、家督は、一豊の弟の子忠義に譲られた。後見人も千代ではなく、一豊の弟とされた。

千代は、一豊の死後半年で土佐を去り、京都に入る。千代は地震で娘を失った直後、禅の道に入り、京都妙心寺に大通院を建立していた。京都へ入った千代は、京都桑原町の藩邸を改造して移り住む。そして、剃髪して尼僧となり、1000石の隠居料を受け取りながら静かに暮らした。

それでも、山内家の行く末は気がかりだったらしく、当主忠義宛の手紙をしばしば送り、教訓を与えていたという。やがて病に倒れ、元和3年（1617）12月4日、土佐から上京した忠義に見守られながら、61歳の生涯を閉じた。最期まで気づかいの行き届く人であったようで、身辺整理はきちんとすませてあったという。

大坂夏の陣の後、生き残った真田一族はどこへ消えた？

最後には敗れたとはいえ、慶長19年（1614）からの大坂の陣で大活躍して名を挙げたのが、真田幸村である。冬の陣では真田丸にこもって徳川方をさんざんに悩まし、翌年の夏の陣では徳川本陣近くまで攻め込み、家康をあと一歩のところまで追い詰めた。じっさい、真田軍の勢いに、家康は自害を覚悟した瞬間もあったと伝えられている。

しかし、最終的には、数で勝る徳川軍の反撃を受けて後退。安居神社（大阪市天王寺区）の境内で、兵士の傷の手当てをしているところを襲われ、自ら首を差し出した。享年49だった。

幸村には、正室と3人の側室がおり、4人の男の子があった。嫡男の幸昌（大助という名でも知られる）は大坂夏の陣に出陣、若いながらも奮闘するが、大坂城落城を目の当たりにする。将来ある身として逃亡を勧められるが、主君・豊臣秀頼自害後、後を追って自刃した。享年は13とも16とも伝えられる。むろん、子どもはいなかった。

これによって、真田家嫡男の系統は絶えたが、当時3歳だった次男の大八が、辛うじて逃げ延びる。そして、伊達家重臣の一人である片倉重長に保護され、「真田守信」と称した。

のちに、この片倉重長は、大八の姉で幸村の三女の阿梅と結婚する。徳川幕府からの守信に関する調査があったときも、伊達家や片倉家は偽証までして守信を護ったという。そのさい、幕府を欺くため、守信は「片倉守信」という名の仙台藩士を称していた。再び、真田姓を名乗ることが許されたのは、守信の子辰信の時代だった。

幸村の三男の幸信は、大坂夏の陣の後に生まれたが、真田姓を名乗らず、「三好」と称した。その後、姉で五女の御田姫の嫁ぎ先である出羽亀田藩主岩城宣隆に引き取られたとみられている。

江戸時代、石田三成の息子たちはどんな人生を歩んだか？

慶長5年（1600）の関ヶ原の戦いで、西軍を率いた石田三成は、小早川秀秋《こばやかわひであき》の裏切りにあって敗北後、伊吹山中に逃亡する。しかし、9月21日、三成を捜索していた田中吉政の追捕隊に捕らえられる。

翌22日、大津城へ護送され、その門前で生き晒しにされた後、28日には、小西行長らとともに、大坂・堺の町を引き廻された。その後、京都へ護送され、10月1日に六条河原で斬首された。享年41。首は三条河原に晒された後、生前に親交のあった沢庵宗彭《たくあんそうほう》に引き取られ、大徳寺の三玄院に埋葬された。

三成には、3男3女（2男5女という説もある）と、庶子数人がいたとされる。

嫡男重家は、関ヶ原の戦いの前から、人質として大坂城に住まわされていた。関ヶ原の戦いのさいは、17歳である。父三成が敗戦後、逃亡したことを知ると、重臣の津山甚内や乳母らに守られて大坂城を脱出。京都へ向かい、妙心寺の寿聖院に逃げ込んだ。

寿聖院は、三成が父正継のために創建したもので、高僧の伯蒲恵稜《はくほえりょう》は、ただちに重家を剃髪させて仏門に入らせた。そして、京都奉行にその旨を届け、助命を願った。家康も仏門にある人間を殺すわけにいかず、やがて家康から赦免の許しが出ると、重家は仏道修行に励み、のちに寿聖院の3代目も継いだと伝えられている。

ただし、重家のその後については異説もあり、泉州岸和田の城主・岡部宣勝の助けを受け、岸和田で死去したとも伝えられている。

次男重成は、関ヶ原の戦いの頃には10歳前後で、豊臣秀頼の小姓として仕えていた。関ヶ原での敗北を知ると、同じ小姓だった津軽信建の助けで、陸奥国津軽へ逃れた。その後は「杉山源吾」を名乗り、山村でひっそりと暮らした。20歳前後で若死にしたという説がある一方、のちに江戸へ出て53歳まで生きたという説もある。

その杉山源吾の長男・吉成は、弘前藩主・津軽信牧の娘と結婚して家老職につき、子孫の杉山家は、弘前藩重臣として代々続いた。三男については、詳しくわかっていない。

将軍が朝鮮へ送る国書を偽造した藩とは？

宗《そう》氏は、古くから対馬を治め、戦国時代の後期には、対朝鮮貿易の多くは対馬を通して行われていた。宗氏は対朝鮮外交の窓口役をつとめ、その見返りとして対朝鮮貿易の利益を得ていた。

しかし、豊臣秀吉の朝鮮出兵後、日朝交流は途絶え、宗氏の権益は失われてしまう。そこで、徳川時代になると、対馬藩の宗義智《よしとし》は、徳川幕府と李氏朝鮮の間に入って、関係修復を進めようとする。そして、幕府から使節を派遣するところまで漕ぎつけるが、問題は李氏朝鮮が示してきた講和条件だった。

条件の一つは、朝鮮出兵のさい、朝鮮国王の陵墓を荒らした犯人を捕らえ、引き渡すこと。二つめは、日本国王（幕府）から、先に国書を送ることだった。

宗義智は、まず領民から2名を犯人に仕立てて、朝鮮側に引き渡した。残る問題は、幕府から先に国書を送ることである。侵略を謝罪する国書を先に送ることは難しかったので、義智は、徳川家康名の国書を偽造し、捺印までして李氏朝鮮へ渡した。

慶長12年（1607）5月、李氏朝鮮は、国書に返答するための使節団を日本に送ってきた。義智は、対馬から江戸まで、総勢269人の使節団を案内したが、問題は、使節団の持参してきた国書が、偽造国書の返書になっていることだった。そこで、義智は、朝鮮の返書も偽造し、使節団が2代将軍の秀忠に面会する直前にすり替えた。

さらに、義智は、その後も、両国の国書の偽造や改ざんを続け、貿易協定（己酉《きゆう》約条）の締結にこぎつけたのだった。

その後、対馬藩の家老が、一連の国書偽造を暴露した。3代家光の時代、その問題が裁かれたが、幕府は従来通り、日朝貿易を宗氏にまかせるほうが得策と考え、事実上、宗氏の偽造工作を不問とし、逆に暴露した家老のほうが流罪になるという政治決着が図られた。

兵法指南役の柳生家って、どんな一族?

戦国時代の末期、柳生宗厳《むねよし》は、素手で相手の剣を奪う「無刀捕《むとうど》り」の技で家康を感嘆させ、以後、柳生家は、江戸時代を通じて、将軍家の兵法指南役となった。ただ、徳川家が柳生家をその座に据えた裏には、ほかの狙いもあったとみられる。柳生家を徳川家の諜報機関として暗躍させることだった。

たとえば、慶長5年(1600)、家康は上杉征伐に東国へ向かう。その直後、家康は、上方での三成挙兵の報せを聞き、同行していた柳生宗厳の子宗矩《むねのり》に、「大和へ帰り、忠節を尽くせ」と告げる。これは、上方で西軍大名の動静を探れという意味だった。宗矩は、ただちに西に向かって情報を集め、宗厳も上方一円の情報を収集した。そして合戦後、宗矩は旧領の2000石を回復。その後も1000石を加増され、2代秀忠の兵法指南にも指名された。

その後、宗矩は、ほかの大名のもとへも、親族や門弟を剣術指南役として送り込み、情報収集につとめる。3代将軍の時代には、所領が1万石に達し、大名となった。

宗矩が出世した時代、廃絶や減封国替えになった大名が200以上もあった。それに、宗矩を中心とした柳生家の情報力が関係していたとみる専門家は少なくない。前線でその中核となったとみられるのが、柳生一族のなかでも最も有名な剣士である柳生十兵衛である。

十兵衛は、宗矩の長男として、慶長12年に生まれている。すでに大坂の陣が終わり、戦国の世に終止符が打たれた時期である。十兵衛は当初、秀忠に仕えていたが、3代将軍家光の時代になると、家督を弟に譲り、12年間にわたって一族の郷里である柳生の里で暮らし、その後、江戸に戻ったと伝えられる。

この「空白の12年間」が、彼をめぐるさまざまな伝説を生むもととなった。豊臣家は滅んだものの、依然、諸大名の間には不穏な空気が漂っていた。幕府にとって、諸国の情勢を探ることは重要な課題だった。そこで、柳生家に諸国探索が命じられ、十兵衛は病気になったと偽って江戸を離れ、諸国をめぐって情勢を探っていたというのである。数々の小説、映画で取り上げられてきた話だが、その真偽のほどは定かではない。

放蕩を重ねていた水戸光圀を目覚めさせた一冊の本とは？

諸国漫遊の旅で知られる水戸黄門。この名は愛称のようなもので、正しくは徳川光圀《みつくに》という。水戸藩主・徳川頼房の三男として生まれ、やがて水戸藩主となる。水戸黄門の全国漫遊は後世の創作だが、そんな庶民の願いが込められた物語の主人公とされるくらい、徳川光圀は善政をしいた。

ところが、青少年時代の光圀には、そんな名君に育つ兆しはまったくなかった。彼は素行不良で、放蕩三昧の生活を送っていたのだ。

光圀は、6歳のときに、水戸徳川家の後継者に決められる。当初は優等生タイプの少年だったが、12～13歳ごろから暴走をはじめる。まずは服装から〝ワル〟になっていく。当時、流行っていたかぶき者の影響を受け、派手で素っ頓狂ないでたちを身にまといはじめる。さらには、江戸住まいだったのだが、江戸藩邸を抜け出しては、遊廓に通いつめる。遊廓では、酒を飲み、女と遊ぶ。遊ぶ金は持っているから、高級な遊女とも遊べば、それでは飽き足らず、下級娼婦である夜鷹にも手を出すといった調子だった。

町中でも、ぶらついては、わるさをする。因縁をつけては喧嘩をし、形勢不利になると、太刀をふりかざすから、手がつけられない。

周囲の者は、光圀を叱ったり、諫《いさ》めたりするが、光圀は聞かない。それどころか、屋敷内で暴れはじめる。太刀をふるうこともあったので、光圀は一時、刀を取り上げられていた。

その光圀がガラリと変わるのは、18歳のとき、中国の古典『史記』にふれてからのことだ。『史記』の「伯夷伝」には、伯夷と叔斉の兄弟の高潔な生き方が記されている。光圀はこれに感銘を受け、放蕩三昧の生活をぴたりとやめて、学問に励むようになった。そこから、名君・徳川光圀としての人生が始まるのだ。

光圀が一時グレたのには、いくつかの背景、事情があったと考えられる。一つは、血筋であり、環境だろう。光圀の父・頼房も、女好きなうえ、乱暴な性格で、周囲の者をハラハラさせていた。その父の影響が思春期の光圀の中で爆発したと考えられる。

また、光圀は、諸事情から二人の兄を押し退けて、水戸の次期藩主に選ばれていた。それが、思春期にプレッシャーとして伸しかかり、彼を暴走させたとも思われる。

いずれにせよ、光圀にとって、思春期の遊廓三昧、街中での羽目の外しっぷりは、その後の肥やしにはなったはずだ。人間の暗部を知り、庶民の考え方にふれたから、名君になれたのだろう。光圀が少年時代から優等生だったら、凡庸な殿様で終わったかもしれない。

輸入品だった火薬の原料を江戸時代は国産でまかなえたのは？

鉄砲伝来以降、合戦の戦術は大きく変化したが、鉄砲を作り、実戦に役立てるには、当然ながら、鉄や鉛、黒色火薬などを調達しなければならなかった。そのうち、多くのものは国内でまかなえたが、黒色火薬（硫黄、木炭、硝石《しょうせき》を混ぜて作る）の原料の一つ硝石だけは、国内ではとれなかった。そこで戦国時代には、硝石を中国から輸入していた。

ところが、江戸時代、海外との交易が制限されると、硝石は武家屋敷の便所の床下から採取されるようになる。

糞尿が土壌にしみ出すと、微生物の作用などによって、硝酸カリウムが生成される。それから、硝石を得られるのだ。そこで、江戸時代には、武家屋敷などの便所の床下の土を集め、そこから硝石が調達された。

便所の床下から採取するくらいで、硝石の需要をまかなえたのは、江戸時代になって合戦がなくなり、硝石の需要が減っていたからである。戦国時代であれば、便所の床下の土をかき集めたところで、とてもまかなえなかったはずである。

ちなみに、硝石は、中国内陸部や西アジアといった乾燥地帯では、地表に薄い層のようになっていて、大量に採取できる。ところが、日本のような湿潤な土壌からは、ほとんどとれない。ドイツやフランスなどの比較的湿潤な国々でも、早くから、家畜の糞尿を醗酵させ、硝石を抽出する方法が開発されていた。

「鎖国」前の日本は何を輸出し、何を輸入していた？

江戸時代は、いわゆる「鎖国」の時代である。しかし、最初から国を鎖《とざ》していたわけではない。徳川家康は開幕当初、海外との貿易を積極的に推奨し、多数の日本船や日本人がマニラ（フィリピン）やアユタヤ、パタニ（ともにタイ）、安南（ベトナム）、カンボジアなどに渡った。

当時、日本が輸出していたのは、銀、銅、硫黄、刀など。輸入品は絹製品や生糸、砂糖、武具に使用される鮫《さめ》皮や鹿皮などである。

そのうち、日本がおもに輸入していたのは、絹製品と生糸である。中国製の絹製品は品質がよく、日本の上流階級は中国製の絹を求めた。海禁政策をとる明は、日本船の入港を禁止していたが、日本船は東南アジアを経由して、ニーズの高い絹製品を輸入していた。

慶長9年（1604）以後の32年間で、記録に残るだけでも計356隻、年平均で11隻の日本船が長崎を出航し、渡航者はのべ10万人にもおよぶ。まさしく「日本の大航海時代」ともいうべき時代だった。

その発端は、戦国時代の後半、ポルトガル船が来航するようになったことである。当時の権力者、織田信長は、ポルトガル船による「南蛮貿易」に積極的だった。鉄砲のほか、地球儀、世界地図、めがね、カボチャやスイカ、ジャガイモ、タバコなどが、ヨーロッパや東南アジアから伝えられた。

やがて、信長が倒れ、その後継者となった豊臣秀吉は、倭寇を取り締まる必要から海外交易を統制し、船主に「朱印状」という海外渡航許可証を発行。朱印状を携行する日本船は公認の貿易船として、東南アジア諸国などと交易することができた。

江戸時代になっても、当初は海外貿易奨励の方針が受け継がれ、世の中が天下太平となったこともあって、朱印船貿易がますます活発化したのである。

当時の代表的な豪商には、京都の角倉了以《すみのくらりょうい》、茶屋四郎次郎《ちゃやしろうじろう》、大坂の末吉孫左衛門《すえよしまござえもん》、長崎の末次平蔵《すえつぐへいぞう》らがいた。また、貿易にとりわけ積極的だった大名には、加藤清正、島津家久、細川忠興《ただおき》、有馬晴信、鍋島勝茂らの西国大名がいた。

彼らは、輸入品の買い付けや輸出品を売りさばくため、渡航先の東南アジアに〝駐在員〟を置いていた。なかでも、フィリピンのマニラには3000人、タイのアユタヤには1500人の日本人が住み、大規模な日本人町を形成していた。

鎖国していたのに、6人に1人が中国人だった長崎の謎とは？

長崎は元亀2年（1571）、ポルトガル船の寄港地として開港された。それをきっかけに住人が増え、1500人ほどだった人口が、豊臣秀吉が天下を統一する天正18年（1590）には5000人となり、大坂冬の陣が起きた慶長19年（1614）には約2万5000人、島原の乱が起きた寛永14年（1637）頃には約4万人にまでふくらんでいた。

さらに、徳川綱吉が5代将軍となった延宝8年（1680）には、人口6万人の大都市となっていたが、当時、長崎の住人のうち、6人に1人は中国人だったとみられている。長崎にそれほど多くの中国人が住んでいたのは、鎖国の対象外だったからである。

江戸初期、いわゆる鎖国体制は次のように進められていった。まず、2代秀忠の頃、西国大名が貿易で利益をあげるのを防ぐため、ヨーロッパ船の寄港地を平戸と長崎に制限する。続いて、キリスト教への警戒からスペインの来航を禁止した。

3代家光は、奉書船以外の日本船の海外渡航を禁止。さらに、ポルトガル船の来航を禁止し、平戸のオランダ商館を長崎の出島に移し、日本人との自由な交流を禁じた。そして、日本人のすべての渡航と帰国を禁じた。

こうして、いわゆる鎖国体制が確立したとされるが、日本はすべての国と関係を鎖したわけではなかった。朝鮮とは対馬藩を通じて交流をもち、中国、オランダとは、幕府の直轄地とした長崎を通じて貿易が行われていた。中国人は、キリスト教徒でなければ、長崎への来航や居住を禁止されてはいなかった。

また、長崎に住む中国人には、明が滅んださいに逃れてきた人が多かった。満州族の清王朝を嫌って亡命してきた人たちであり、やがて親族を頼って来たり、貿易の仕事で来日する中国人が増え、彼らが代を重ね、長崎の中国人人口はさらに増えていった。

大名行列は、道中ずっと長い行列を崩さずにいられた？

大名行列の規模は一律ではなく、各大名の禄高や家格に応じて決められていた。家格が高い大藩ほど、大名行列は長くなった。

つまりは、有力な外様大名ほど、莫大な支出を強いられる仕組みである。たとえば、享保年間では、20万石以上の大名は、馬上15～20騎、足軽120～130、中間人足250～300人という基準があった。

しかし、実際には、諸藩が見栄を張って人数を増やしたので、お金のある藩ほど基準を超える大行列を仕立てた。石高では最大の加賀前田家の大名行列は、なんと4000人を動員したという。

そもそも、1000人の大名行列で、最後尾まで通り過ぎるのに1時間はかかった。庶民はどんなに急いでいても、行列を横切ることを許されていなかったため、4000人の大行列なら、4時間は足止めを食うことになった。

むろん、多くの大名にとって、参勤交代は財政的に大きな負担となった。そのため、貧乏大名は朝早くから出立し、夕方遅くまで歩いて距離を稼いで旅程を切り詰めたり、宿代を値切って〝節約旅行〟をしていたという。

ところで、大名行列といっても、国元を出てから江戸に到着するまで、ずっと行列をつくって歩いていたわけではない。整然と軍列を組んで歩いていたのは、国元を出るときと江戸に入るときなど、要所要所だけで、その他の道中は、短い列で歩いても構わなかった。そこで、長い行列をつくるときだけ、人を臨時に雇ってまかない、コスト削減につとめる藩もあった。

左甚五郎は実在したのか？

左甚五郎は江戸時代、名人とうたわれた大工の棟梁。日光東照宮の眠り猫や京都方広寺の鐘楼など、全国各地に「甚五郎が手がけた」と伝わる彫刻や建築物が残っている。

ただし、その生涯に関しては、詳しいことはほとんどわかっていない。一説には、左甚五郎は文禄3年（1594）、現在の兵庫県明石に、足利義輝の臣・伊丹正利の子として生まれたという。

そして、13歳で大工修業をはじめ、京都の禁裏大工棟梁に弟子入り。方広寺鐘楼などの建築にかかわり、その後は江戸に出て宮大工として活躍。日光東照宮、上野寛永寺なども手がけたとされる。その後、京都へ戻ると、禁裏大工棟梁として腕をふるい、慶安4年（1651）、58歳で亡くなったという。

ただし、この説には、多数の異論がある。たとえば、甚五郎が京都で拝命したとされる「禁裏大工棟梁」という官職は実在しない。そんなことから、左甚五郎は実在の人物でなかったという説もある。「左甚五郎作」と伝えられる作品の製作年代が、安土桃山時代から江戸後期まで約260年間にもおよび、一人で製作することはとうてい不可能だからだ。

また、全国に作品が点在しているのも、当時の交通事情を考えれば、まずありえない話だ。そこで、講談や落語によって語り継がれてきた左甚五郎像は、江戸時代の庶民が理想の大工像として生んだフィクションとも考えられるのだ。

オランダがフランス革命のことを日本に隠していた理由は？

幕末に日本を訪れたペリーは、「日本は国をとざしていたはずなのに、アメリカやヨーロッパの情勢について、よく知っていた」と書き残している。それは、幕府が長崎のオランダ商館から、『オランダ風説書《ふうせつがき》』という海外事情に関する報告書を定期的に受け取っていたからである。

ところが、オランダは、1789年に起きたフランス革命に関しては、その後6年間も日本に知らせていなかった。フランス革命がオランダに対しても、甚大な影響を与えていたため、あえてこの世界史的な大事件に関する報告を怠っていたのだ。

フランス革命直後から、オランダでも、自由や平等を求める騒動が頻発しはじめた。しかも、同革命勃発から3年後には、フランス革命政府がオーストリアに宣戦を布告し、オランダもその戦いに巻き込まれて、オーストリアに味方して戦った。

ところが、オランダにはフランス革命への賛同者が多数いて、国内をまとめることができなかった。そんなことでは、戦いに勝てるはずもなく、オランダ総督のウィレム5世は逃亡、オランダはフランスに占領されるに至った。

国内がそうした混乱状態にあったため、オランダは、フランス革命とその余波を日本に報告できなかったのである。なお、『オランダ風説書』は、オランダ国内の様子について、平時は「オランダ本国は平穏なり」と書いてあったが、フランス革命直後には、その決まり文句が消えていた。つまり、『オランダ風説書』は、報告は怠ったものの、ウソは書かなかったようである。

鎖国時代、日本に密航してきたアメリカ人とは?

日本がまだ、いわゆる鎖国状態だった嘉永元年(1848)、日本に密航してきた米国市民がいた。現在のオレゴン州出身のラナルド・マクドナルドという青年だ。

ラナルドは銀行員として働いていたが、24歳のとき、日本へ向かうため、捕鯨船の乗組員に転職した。そして、捕鯨船に乗って日本近海まで来ると、船長に「ボートに乗って、日本に上陸したい」と訴える。船長は「日本は鎖国をしており、密入国は死刑になる」と引き留めたが、「それでも行きます」と忠告を聞かなかったという。

ラナルドは、北海道北方の利尻島に到着。そのとき、漂流者なら殺されることはないだろうと、わざとボートを転覆させて救助を待ったという。ラナルドが、そうしてまで日本に入国したいと考えたのは、自分のルーツは日本にあると思い込んでいたからだった。

ラナルドは、父がスコットランド系で、母はアメリカ先住民のチヌーク族だった。彼は、オレゴン州で暮らしていたとき、漂流中、米国船に助けられた日本人と出会う。ラナルドは、その日本人の風貌が北米先住民によく似ていることに驚き、北米先住民はアジアからアメリカ大陸に渡ってきたと確信する。

以降、彼は、母の先祖はアジアの東である日本から来たと思い込み、日本を訪ねてみたいという気持ちを強める。日本への密入国には、そうした動機があったのだ。

ラナルドは、利尻島でアイヌの人々と10日間ほど過ごした後、密航者ということで、宗谷、松前へ送られる。そこから長崎へ移され、崇福寺という寺院に収監された。彼は、アメリカへ送還されるまでの半年間、その寺院で、日本の通詞14人に英語を教えた。その教え子に、その約5年後、ペリーとの交渉で通訳を務めることになる森山栄之助と堀達之助がいた。

鎖国時代、ロシア皇帝に会った日本人とは?

寛政3年(1791)、ロシアに入国し、エカテリーナ2世に謁見した日本人がいた。また、ロシア正教に改宗して、イルクーツクに定住した日本人もいた。彼らは、いずれも日本の船乗りたちである。

まず、伊勢の沖船頭だった大黒屋光太夫は、天明2年(1782)12月、神昌丸に米を積みこみ、江戸に向けて出航した。ところが、駿河沖付近で、暴風雨にあって漂流。約7か月間も太平洋を漂った後、アリューシャン列島のアムチトカ島に流れ着いた。その漂流中に一人が死亡して、島に上陸したのは16人の日本人だった。

彼らはその島で4年間暮らすなか、毛皮などを求めてやって来ていたロシア人と接触し、ロシア人の帰郷に合わせて島を脱出した。それまでに、寒さや病気で11人が死亡しており、16人だった仲間は5人に減っていた。

5人がシベリアのイルクーツクに到着すると、鎖国中の日本に関する貴重な情報源として歓待される。5人のうち2人は、そこでロシア正教に改宗し、定住を決意した。

ロシア帝国の首都だったサンクトペテルブルクを訪れたのは、船頭の光太夫ら3人で、彼らはエカテリーナ2世に謁見、帰国を申し出て許された。その後、光太夫らは、ロシアの遣日使節に伴って、漂流から10年後、帰国を果たした。

光太夫らは帰国後、幕府の事情聴取を受け、その報告は蘭学者の桂川甫周によって『漂民御覧之記』という書にまとめられた。その後、彼らは江戸の小石川の薬草園に住居をもらい、蘭学者らとの交流を通して、蘭学の発展に貢献することになる。

生類憐みの令の時代に、犬を大事にしなくてもよかった場所とは？

5代将軍の徳川綱吉が「生類憐みの令」を発布したのは、貞享4年（1687）のことだった。綱吉は、殺生を禁じる仏教への信心から、動物を殺すことを禁じたといわれる。そのさい、綱吉が戌年生まれだったことから、とりわけ犬を虐待することが厳禁とされた。

そんな時代にも、犬を思い切り殴っても構わない〝特区〟があった。徳川光圀の水戸藩内である。

「生類憐みの令」が発布されたとき、光圀はすでに60歳、家督を譲り、『大日本史』の編纂にかかっていたが、「天下の悪法」とも呼ばれた生類憐みの令には断固反対だった。そして、「水戸領内においては、鳥獣殺生は自由。人に害をなす犬は打ちすえてよい」と宣言していた。

ある日、水戸から、江戸城の綱吉宛てに小包が届いた。側用人《そばようにん》の柳沢吉保と開封すると、その顔からサッと血の気が引いた。なかには、犬の皮が入っていたからである。添えられた手紙には、「防寒にはこれが最適」と書かれていた。

綱吉は、死の間際に「生類憐みの令だけは残してくれ」と遺言したが、死後、新井白石が6代家宣《いえのぶ》の補佐役となると、真先にこの法を廃止した。

鬼平（長谷川平蔵）が今ひとつ出世できなかった理由は？

池波正太郎の小説『鬼平犯科帳』の主人公、「鬼平」こと長谷川平蔵は、実在の人物。

小説中の平蔵は、悪人には容赦なく鬼となる半面、人情味のある人物として描かれているが、実在の平蔵もそうしたイメージに近い人物だったようだ。

長谷川平蔵は、家禄400石の旗本、長谷川宣雄の子として生まれた。若い頃は本所深川などの遊里へ通い、無頼の仲間と交友を重ねていたという。30歳のときに家督を継ぎ、御書院番に登用されると、仕事に精を出し始める。その後は、西の丸徒組頭、先手弓頭などをつとめ、天明7年（1787）、火付盗賊改に任命された。

鬼平が長官として辣腕をふるった火付盗賊改方は、盗賊や放火犯、博奕の取り締まりを専門とする役職。町奉行所とは違い、盗賊などをその場で斬り殺すことが認められていた。平蔵は、取り締まりの実績を重ね、また情け深い面もあったことから、庶民の人気を集め、名奉行・大岡越前になぞらえ「今大岡殿」とも呼ばれた。

ところが、平蔵には高慢な一面もあり、町奉行を「役立たず」呼ばわりすることもあったという。そうした態度が、上役の機嫌を損ねることになったようだ。そのため、平蔵は盗賊の摘発などに大きな功績をあげたのだが、それ以上に昇進することもなく、任期を終えて、大岡越前が長くつとめた町奉行の座につくことはできなかった。

伊達騒動と吉原の遊女の関係とは?

伊達家は、戦国時代の当主の政宗が領土を拡大。伊達62万石として、江戸時代を通じて栄えた藩だ。

ところが、その伊達家の歴史に汚点を残すのが、万治3年（1660）からはじまった「伊達騒動」である。若い藩主が放蕩のあげく、隠居に追い込まれ、その後、藩政をめぐって二派が対立、ときの幕府大老・酒井忠清邸で行われた裁きの場では、互いに斬り合うという醜態を演じたという、お家断絶という憂き目にあいかねなかった一件である。

その伊達騒動は当時、吉原随一の人気太夫といわれた2代目高尾の怨霊によるものとも噂とされた。

高尾太夫は下野国（栃木県）の農家に生まれ、6歳で吉原へ売られた。高尾は、吉原で行儀作法や教養を身につけ、美しい花魁《おいらん》に育ち、吉原一の人気太夫となった。館林藩主だった綱吉（後の5代将軍）も通ったといわれるほどだった。

その高尾にのぼせ上がったのが、伊達政宗の孫であり、仙台藩3代藩主だった綱宗である。綱宗は盛んに通ったうえ、ついには高尾を身請けしたいと言い出した。そして、高尾のいる三浦屋の主人と、太夫の体重と同じ重さの金と交換するという条件で、身請けすることになった。

しかし、高尾には、他に心を寄せる人がいた。ある日、綱宗が高尾に仙台行きのことを話すと、高尾は「私には言い交わした男がおります」と袖にしたという。なおも、綱宗が仙台行きを迫ると、高尾は「野暮なことをはおっしゃいますな」と続ける。綱宗は「野暮」呼ばわりされて頭に血がのぼり、刀を抜くと、高尾の肩から胸にかけて斬りつけた。高尾は、まもなく絶命した。

この一件が世間の知るところになって、綱宗は21歳の若さで隠居に追い込まれた。そして、2歳の幼児、綱村が第4代藩主となり、以後、その後見の座などをめぐる伊達騒動が持ち上がるのだ。そんなことから、高尾の怨霊が伊達家にとりついて、騒動が起きたと噂されたのだった。

隅田川の花火が はじまった理由は?

隅田川の花火大会は、もとは悪霊退散を願ってはじめられたものだった。

8代吉宗の時代に、いわゆる「享保の大飢饉」が起きる。冷夏と害虫により、西日本各地が凶作に見舞われたのだ。

250万人もの人々が飢餓に苦しんだとみられ、江戸では米価が高騰、庶民による打ちこわしが続発したうえ、栄養不足から流行り病が広がり、江戸の町は遺体で溢れた。

享保18年（1733）7月、両国の川開きのさいには、水神祭が催された。飢饉と悪病を引き起こす悪霊を退治し、死者の霊を慰めるための祭礼だった。そのとき、20発ほどの花火が打ち上げられたのが、隅田川の花火のルーツと伝えられている。

当初、花火の打ち上げは鍵屋が担い、その後、鍵屋からのれん分けした玉屋も打ち上げるようになった。

鍵屋が隅田川の下流、玉屋が上流で打ち上げ、見物人は見事と思った方の名前を呼んだ。現在でも知られる「た〜まや〜」や「か〜ぎや〜」の掛け声は、そのときに生まれたものだ。

おおむね、玉屋の花火のほうが評判はよかったのだが、玉屋は天保14年（1843）に火事を出し、江戸払いを命じられ、断絶した。一方、鍵屋のほうは、その後も花火専門店として代を重ねている。

江戸時代の人々は、夫婦であることをどうやって証明した？

現在では、役所へ婚姻届を出すと、結婚したことが認められる。では、江戸時代の人々は、どのようにして〝夫婦の証明〟をしていたのだろうか？

まず、武士の場合、上司にあたる組頭に「〇〇の娘の△△と婚姻の儀、すませました」と届け出た。すると、組頭が目付に届け、結婚が成立したとみなされた。つまり、上司に報告することで、夫婦になったことが認められたのだ。

一方、町人は、隣近所や血縁の者を集め、披露宴を開くことが〝夫婦の証明〟になり、以降、親戚や周囲の人から、新しい夫婦として接してもらえた。

また、披露宴を開くと、夫婦は町役に届け、町役はその旨を奉行所へ届けた。これは、一応、現在の戸籍にあたる人別帳に記載するためだったが、奉行所へ届けるのは、年2回と限られており、形式的なものだった。

こうした制度は、室町時代に始まり、江戸時代に確立して、明治になるまで続けられた。

一方、離婚のさい、夫は妻に三行半《みくだりはん》を突き付ければ、簡単に縁切りできたが、妻は夫から離縁状を受け取らない限り、離縁も再婚もできなかった。

江戸時代、どのくらいのワイロがまかりとおっていた？

「越後屋、そちも悪よのう」「いえいえ、お代官様ほどでは……」

テレビの時代劇では、悪徳商人と悪代官が「菓子箱」を前に、こんなやりとりをするのが、お決まりのパターン。

菓子箱に詰まっているのは〝山吹色の菓子〟、つまりはワイロだが、江戸時代はワイロ社会だったので、むしろワイロを贈らない者のほうが、礼儀知らずだと悪口を言われた。あの『忠臣蔵』の浅野内匠頭も、付届けをケチったため、吉良上野介に嫌がらせをされたという説がある。

現在ならワイロを取り締まるはずの当時の〝警察官僚〟も、公然とワイロを手にしていた。

町奉行の配下で同心を指揮していた与力（町与力）は、200石と薄給だったが、本来の禄高の何倍もの〝副収入〟を得ている者が少なくなかったのだ。

たとえば、大名の家臣が町方で問題を起こしたとき、事件が明るみに出ては家名に傷がつくので、ここはひとつ穏便にと与力に金銭を渡していたわけだ。また、盆暮れには、大名諸侯や商人から、中元や歳暮がどっさり届いたのだが、そうした金品はワイロではなく、「役得収入」として奉行にも承認されていた。

武士が出世するにも、ワイロが必要だった。ある旗本の日記によれば、まず親戚筋を通して各方面へ金銭をばらまき、老中ら要人を接待して出世の働きかけを行ったという。さらに、昇進がかなってからは、親戚や直属の上司、事務方の役人など、便宜を図ってくれた人たちへ、成功報酬を支払っている。その額、じつに250両。

当時の250両といえば、今の2500万円という大金だが、それを日記に堂々と書いているあたり、当人に罪の認識はなかったのだろう。ワイロが横行していた江戸では、出世も金次第だったのだ。

「島流し」では、どの島に流されるのがいちばん楽だった？

江戸時代の流刑地は、近江を境に、東の罪人は伊豆七島や佐渡島へ、西の罪人は五島列島、壱岐《いき》、隠岐《おき》、天草島などへ流されるのが一般的だった。

島についた罪人は、村の五人組の監視下にはおかれたが、基本的には「渡世勝手次第」で、収監されたり、労役が課されたわけではなかった。ただ、労役がない代わりに、自分で仕事を見つけて、生計を立てなければならない。そのため、同じ罪人でも、暮らしぶりの差は大きかった。手に職を持っていれば、技術を生かした職業につけたが、それ以外の罪人は、島民の農業や漁業を手伝って、わずかばかりの食糧を分けてもらい、食うや食わずの暮らしをしていた。

その一方、身分の高い者は、親戚から金品が届けられた。その金で豊かな暮らしもできたし、表向きは禁止されていた妻帯する者もいた。まさに、地獄の沙汰も金次第だったのである。とはいえ、金に不自由しない罪人でも、島の生活は決してラクではなかった。島にはたびたび大飢饉が襲い、餓死者が絶えなかったからだ。

その点、恵まれた環境にあったのは、佐渡島へ流された罪人。とりわけ、江戸前期の佐渡は金山の採掘でゴールドラッシュに沸き、景気がよかった。金採掘に回されると肉体的に大変だったが、そうでなければ、廻船《かいせん》業をはじめ、農業、漁業ともに活況で、罪人にも仕事が山ほどあった。

それどころか、佐渡は暮らしやすいからと、赦免になった罪人がふたたび佐渡に舞い戻ってくる始末。そんなこともあって、元禄13年（1700）には、佐渡への遠島は廃止された。なお、流刑そのものは、大宝律令で流罪が法制化された大宝元年（701）から明治41年（1908）に廃止されるまで、1200年以上も続けられた。

食糧はあっても餓死者が続出した「飢饉」の謎とは？

飽食の現代では想像もつかないが、ほんの150年ほど前までは、日本の農業史は飢饉との闘いの連続だった。江戸時代にもたびたび飢饉が襲いかかり、なかでも享保、天明《てんめい》、天保《てんぽう》の大飢饉は「江戸三大飢饉」といわれるほど、大規模で悲惨なものだった。

そのうちの一つ、天明の飢饉は天明2〜7年（1782〜1787）頃に人々を襲ったが、異常気象による冷害に加え、浅間山の噴火が重なったことで、大凶作となる。コメや野菜がたちまち不足し、前代未聞ともいえる数の餓死者が出た。飢饉の最中に白河藩主をつとめ、後に幕府の老中となった松平定信の記録によると、天明4〜5年にかけて、全国の人口は140万人（当時の全人口は約3000万人）も減ったというから、想像を絶する数だ。

そこまで飢饉が深刻になったのには、単なる異常気象だけでなく、じつは幕府の失政が大きく影響していた。凶作期とはいえ、西日本ではコメが順調に生産されていたのに、そのコメが東北地方へ運ばれることはほとんどなかった。「津留《つどめ》」といって、諸藩がこぞって食糧の流出をストップさせたからだ。

コメも野菜もあるところにはあったのに、困っている地方に手が差し伸べられることはなかった。それが、大量の餓死者をだした江戸時代の飢饉の実態だった。

江戸時代、「御禁制の品」が意外と出回っていたのは？

現在、日本の法律で定められている輸入禁止品目は、麻薬や銃、偽札や偽ブランド品、児童ポルノなどで、誰の目からも明らかに「ダメ」とわかるものばかり。

だが、江戸時代は「なぜそれが？」と首をかしげるようなものが、他藩領への持ち出し、あるいは自藩領への持ち込みを禁じる禁制品とされていた。全国に約270あった藩が、それぞれ独自の判断で、禁制品を定めていたからだ。

たとえば、多くの藩が流通を制限していたのはコメ。コメづくりの盛んな藩では、自領内に他藩のコメが入ってくることを防ぎ、コメ不足の藩は他領にコメが流出するのを防ぐため、流通を制限していた。他領と隣接する場所に「口留番所」を設置し、抜荷のコメがないかどうか、チェックしたのだ。

また、江戸時代も後半になると、多くの藩は「専売制」といって、自領内の特産物を独占価格で売るようになる。そうして藩が専売にした特産物は、その藩では

「禁制品」とされたため、こうした品物を含めると、江戸時代には数え切れないほどの禁制品が存在していたことになる。

一方、〝国家レベル〟の御禁制品といえば、南蛮物や唐物だが、それらがすべて取り締まりの対象になったわけではなく、禁止されていないものもけっこうあった。鎖国体制をとっていたはずの江戸時代ではあるが、国禁を犯して密貿易をする者が多く、外国の品物がたくさん入り込んでいたのだ。

たとえば、海外との行き来が事実上自由だった蝦夷地では、アイヌ民族がロシアを通じて舶来品を手に入れ、薩摩の島津氏は、琉球王国を通じて諸外国と密貿易をおこなっていた。〝密輸ルート〟によって持ちこまれたとみられる禁制の品が、今も多数残っている。

馬で遠乗り中の殿様相手にも庶民は土下座したか？

江戸時代の大名といえば、外出時は必ず籠に乗るものと思われがちだが、ときには、馬で遠乗りに出かけることがあった。

といっても、無断で江戸を出ることは禁止されていたため、せいぜい近郊の名所旧跡に出かける程度だったが、それでも日帰りの小旅行は大名にとっていい気晴らしになった。

ところで、遠乗りの大名に遭遇したときにも、庶民は土下座したり、頭を深く下げていたのだろうか？

大名が江戸城に登城する際や、参勤交代の大名行列で籠に乗っているときは、庶民は往来の端で土下座するか、深く頭を下げることになっていたが、遠乗りの大名には、どう応対していたのだろう？

結論からいうと、土下座などの必要はなかった。

遠乗りは、大名のプライベートな遊びであり、護衛も連れの者を数人伴うだけで、大名も家臣と同じような衣服を身につけていた。

つまり、庶民は大名一行に出くわしても、誰が殿様かわからなかったのだ。そのため、庶民が立ったまま見送っても咎められることはなかった。

殿様のほうも、そのほうが気楽にプライベートタイムを楽しめたのだろう。

遠山の金さんが極刑を下すことはあった？　なかった？

　ドラマでは、遠山の金さんは、お白州での取り調べのあと、「打ち首獄門」などと裁きを申し渡す。しかし、現実には、町奉行がその場で重い判決を言い渡すことはなかった。

「打ち首獄門」のような極刑を下すには、さまざまな手続きが必要だったからである。

　まず、町奉行が取り調べるまえには、与力や同心が容疑者を尋問して調書を作成し、裁きの申し渡し文を作成する。町奉行所は、原則として、容疑者に直接質問をすることはなく、その書類にもとづいて裁きを下した。

　町奉行が容疑者に何か聞きたいと思ったときは、与力らを介して質問した。そして、その答えを容疑者から聞き出し、町奉行に伝えたのである。町奉行が容疑者に直接、声をかけたのは、容疑者の身分が高いときだけだった。

しかも、町奉行は、打ち首獄門や流罪などの重罪は、自分の判断だけでは申し渡せなかった。重罪には、老中らの決裁が必要だったのだ。

赤穂浪士の襲撃を吉良上野介はどの程度予測していた?

小説や映画によれば、吉良家は、赤穂浪士の襲撃に対して、相当に警戒していたことになっている。しかし、そうした設定はフィクションであって、じっさいには、ほとんど警戒していなかったとみられる。

というのも、赤穂側の前原伊助と神崎与五郎が偵察のため、吉良邸裏門のすぐ近くに米屋を開いても、疑う様子はまったくなかった。そればかりか、多くの赤穂浪士が邸宅の周りを歩き回っても、何ら対処した形跡がない。

さらには、吉良邸の板塀の一部が壊れ、屋敷内が丸見えだったという記録もある。そんな穴すら修繕しなかったのだから、吉良側は、無警戒に近かったと言わざるをえない。

そもそも、吉良邸は、江戸城近くの呉服橋にあったが、本所無縁寺裏に屋敷替えとなった。呉服橋で、吉良邸近くに屋敷があった蜂須賀家が、騒動に巻き込まれてはたまらないと、幕府に吉良邸の屋敷替えを願い出たことが、その一因だったともいわれる。

むろん吉良邸が江戸の中心地から、人もまばらな郊外へ引っ越せば、赤穂浪士にとってはより襲撃しやすくなる。それなのに、吉良側はまったくと言っていいほど警戒していなかったのだ。

寺坂吉右衛門は一人生き残った後、どうしたのか？

元禄16年（1703）の2月4日、大石内蔵助ら赤穂浪士・46名が切腹した。吉良邸に討ち入りしたのは47人とされるから、一人だけ生き延びた人物がいることになる。それは、足軽という身分でただ一人、討ち入りに参加した寺坂吉右衛門だった。

吉右衛門が生き残ったのは、討ち入り後に内蔵助の指示で逃げ延びたという説、討ち入り前に逃亡したという説、あるいは足軽という身分だったため、逃亡を見逃されたなどの説がある。

そのうち、内蔵助が逃がしたという説に関しては、足軽身分で討ち入りに参加させたことが世間に知れるのは差し障りがあると、内蔵助が考えたからだともいわれる。

ともあれ、吉右衛門は逃亡後、幕府の追手がかかることもなく、再就職もしている。ここで、吉右衛門の人生を振り返ると、彼はもともとは足軽頭の吉田忠左衛門の配下で、討ち入り後は、まず忠左衛門の妻・りんの世話で、伊藤十郎太夫治興のもとに引き取られる。治興は、赤穂の隣国の姫路藩主の本多忠国に仕えていた人物である。

その忠国が死ぬと、本多家が越後国村上に転封となったため、吉右衛門も越後に移った。本多家がさらに下総国古河へ転封された後、吉右衛門は伊藤家を離れ、江戸麻布の曹渓寺で寺男として働いていたという。

さらに、享保8年（1723）には、曹渓寺の住職の紹介で、山内主膳豊清に召し抱えられる。この仕官は、吉右衛門が義士の一人として討ち入りに参加していたことを名誉として、山内主膳豊清のほうから求めたものだったという。

〝悪辣な策謀家〟柳沢吉保はなぜ幸福な晩年を生きることができた？

柳沢吉保《やなぎさわよしやす》といえば、徳川5代将軍・綱吉の側用人《そばようにん》として知られる。最初は綱吉の小姓だったが、綱吉の寵愛を受けてとんとん拍子に出世、最後は大老並みの扱いを受け、甲斐15万1200石の大名になる。綱吉の母・桂昌院の信任も厚く、幕政の中心を長く担った。

吉保の出世ぶりがあまりに異例だったので、そこから吉保を悪辣な策謀家や野心家のようにいう声もあるが、実際はそうでもなかった。むしろ、勤勉で実直な人柄であり、それが綱吉に信用される元となった。綱吉が自宅を訪れるさいには、屋敷を新装し、同行者1万人の食事を用意するなど、大変な忠臣ぶりを見せている。

上司からの覚えがめでたい部下ほど、上司がいなくなったときには、不遇な目にあうものだ。吉保の場合どうだったかというと、彼には転落という言葉は当たらなかった。

綱吉が宝永6年（1709）に亡くなると、吉保は、それに伴って出家する。吉保は当初、綱吉の小姓らと同様、剃髪して綱吉を送りたいと希望するが、吉保ほどの重臣にそのような前例はないと却下される。

吉保が出家するのは、葬儀が終わり、家宣《いえのぶ》の6代将軍宣下の儀が行われたあとのこと。宣下の儀が終わった1か月後、吉保は側用人を辞職し、家督を嫡男・吉里に譲り、出家する。吉里には、吉保の所領である甲斐15万1200石をそのまま認められ、次男以降の子にも、それぞれ1万石が分与された。

一時は権力をほしいままにした吉保が、次期将軍の家宣から、さほどひどい扱いを受けなかったのは、家宣を綱吉の嗣子とするのに尽力したことが大きいようだ。綱吉の死後、権力の座にとどまろうとせず、早々に辞職を願いでたことも、好感をもたれた一つだろう。

出家した吉保は、保山元養という法名を授かり、駒込の別荘・六義園《りくぎえん》で余生を過ごす。六義園は、かつて綱吉から拝領した4万7000坪の地に、7年かけて造られた回遊式の大庭園。吉保はそこで四季折々の景観を楽しみ、ときには和歌を詠み、儒学者たちと儒学談義に興じるといった悠々自適の日々を送る。年頭には、家宣への拝謁が認められ、大奥に伺候《しこう》する特権も与えられた。そんな暮らしを5年送ったあと、吉保は57歳で世を去った。死に際は、眠るように静かだったという。

清廉潔白な松平定信は、ワイロをつかったことはなかったのか？

奥州白河藩主の松平定信が老中首座に就いたのは、天明7年（1787）のことだった。定信は清廉潔白な人柄で知られ、金権体質の田沼派を一掃、質素倹約を旨とする「寛政の改革」を行った。

ところが、そんな定信も、一度だけワイロを贈ったとみられている。相手は、当時、実権を握っていた老中の田沼意次である。

その頃、幕府内では、田沼政治に対する批判の声がくすぶりはじめ、その対抗馬として定信に期待が集まりはじめていた。定信は、奥州が飢饉に見舞われたとき、畿内から米を買い集めるなどの対策を講じ、藩内から一人の餓死者も出さなかったのである。そうした実績、見識への期待の声が日に日に高まり、幕閣内に定信派が形成されつつあった。

そうした定信派には、政治クーデターを仕掛けようという急進派もいたが、定信は幕閣内で着実に昇進し、発言力を増す道を選ぶ。当時、幕閣に名を連ねるには、田沼に賄賂を贈る必要があった。そこで、まだ20代だった定信は、他の大名と同じように、田沼家へ足を運んでいる。むろん、当時の習慣として、手ぶらで行くことはない。何ほどかの金品を渡したとみられるのだ。

しかし、その後、田沼が定信を厚遇することはなかった。そのとき、面子《メンツ》をつぶされた怨恨も、後に定信が田沼派を一掃する動機になったとみられている。

松尾芭蕉の〝侍としての出世〟がとだえた理由は？

松尾芭蕉といえば、俳聖と呼ばれる人物。しかし、芭蕉は最初から俳句の道に人生を捧げようとしたわけではない。俳人を志す以前に、大きな挫折を経験し、そこから抜け出せない日々を送っていた。

芭蕉は、伊賀上野（現在の三重県）の生まれで、「無足人」といわれる家柄の出身。無足人とは、ふだんは農業に従事し、何かあると武士として動員される身分である。いわば、郷士のような身分だったといえる。

それでも、芭蕉は、10歳頃から、藤堂家の嫡男である藤堂良忠に小姓として仕える。藤堂良忠は俳諧好きであり、「蝉吟」という俳号を持っていた。芭蕉も、主の影響を受けて、俳諧の道へはまっていく。良忠も、芭蕉の俳諧の才能を愛し、二人は俳諧の道に没頭していく。

そのままいけば、芭蕉は良忠に取り立てられたかもしれない。実際、19歳のときには、藤堂家から「忠右衛門宗房」の名を頂戴している。

ところが、芭蕉が24歳のとき、絶望的な事態が起きる。藤堂良忠が病死してしまったのだ。芭蕉にとっては、これは大きなショックだった。ともに俳諧への志を抱いた仲間が消え、さらには将来の仕官も望み薄となってしまったのだ。

傷心の芭蕉は、藤堂良忠の位牌を高野山に納めたのち、藤堂家に正式の職を求めるが、うまくはいかなかった。ここから、芭蕉の苦悩の時代がはじまる。

芭蕉は、京都にいた時代もあるといわれるが、やがて江戸にたどり着く。俳諧の道を模索しつつも、生活の糧を得るのに追われる日々である。小石川で水道工事に従事したことはわかっているが、ほかに何をしていたかは不明である。俳諧の道を追求すれども、迷路の中をさまようような、模索の日々を送っていたと思われる。

芭蕉が大きな覚悟を決めるのは、38歳のときである。天和2年（1683）、江戸で大火があり、芭蕉の住んでいた深川の庵も焼けてしまう。このとき、芭蕉は一所不住を志す。

芭蕉の中で何かがふっきれ、求めるものの「かたち」がうっすらと見えてきたのだろう。芭蕉が俳人として本格的に歩みはじめるのは、ここから先のことである。

伊能忠敬の知られざる商人時代とは？

伊能忠敬《いのうただたか》は、日本中を測量して歩き、初めて正確な日本地図を作った人物として知られる。

忠敬は、人生を二度生きた人物といっていい。50歳までは商人として生き、51歳からは測量の道に生きた。測量の世界では歴史に名を残すほどの仕事をなし遂げたが、前半生の商人としても成功し、財を成している。

忠敬は、上総（現在の千葉県）の生まれで、もとの姓は小関である。少年のころから算術が好きで、算術好きがエスカレートし、17歳のときには医学を学びはじめている。

商人となったのは、18歳のとき。才能を見込まれて、佐原の伊能家の婿養子となったのだ。伊能家は地元屈指の酒造家であり、米穀の売買なども手がける商家でもあったが、そのころは家運が傾いていた。算術の得意な忠敬には、家業の盛り返しが期待されていた。

商人となった忠敬は、その才を商売に発揮した。酒造を中心にしながら、金融業に力を入れ、江戸へも支店を出し、薪炭問屋や運送業、店貸しなど、事業を多角化していった。こうして傾いていた伊能家をふたたび繁盛させ、忠敬が49歳のときに、伊能家の年間収益は約1264両にまでなっている。

伊能家を建て直した忠敬は、その実績を評価され、村の顔役にもなっていく。忠敬38歳、天明2年（1782）に天明の大飢饉が起きたときには、忠敬は自費を投じて大坂から米を仕入れ、飢えた村人に分け与えている。すでに伊能家には、それだけの蓄えができていたのだ。忠敬の奔走もあって、佐原村から餓死者は一人も出なかったという。

伊能忠敬は、50歳のときに隠居して、家督を長男に譲る。ここから、彼のセカンドライフがはじまる。

翌年には、佐原から江戸に移住、幕府天文方の高橋至時《よしとき》に師事する。高橋至時は、西洋知識を導入し、当時最新の天文学を習得していた人物だったが、忠敬よりも19歳も若かった。そんなわが子と同じような年齢の人物から、天文や暦学、測量術などを熱心に学んだ。

当時、いまの北海道である蝦夷地には、ロシアの船が現れ、蝦夷の防衛問題が浮上していた。忠敬は、蝦夷地をはじめ、日本全国の防衛のためにも、正確な測量が必要なことを幕府に訴えた。それが幕府に認められ、伊能忠敬の第二の人生、測量に捧げる人生が本格化していくのだ。

葛飾北斎の画力の原点にある「体験」とは？

江戸の浮世絵師・葛飾北斎《かつしかほくさい》は、90歳まで現役として描き続けた。葛飾北斎が絵師としてデビューしたのは20歳のときのことだから、およそ70年間にわたって、描きつづけたことになる。

その北斎は、幕府の御用鏡師の家に生まれた。御用鏡師とは、幕府に鏡を納めるのが仕事であり、北斎はその跡取りとなるはずだった。北斎は、4、5歳のときに、同じく御用鏡師をしていた叔父の元に養子に出されるが、北斎は鏡磨きの仕事になじめなかった。

どうやら、そのころすでに北斎は絵を描くことに興味を抱いていたようだ。北斎は晩年、『富嶽百景』の奥付の中で、「6歳から物の形状を写す癖があった」と振り返っている。

少年・北斎は、その後、貸本屋の小僧となっている。当時の貸本には挿絵が多く、北斎は、挿絵を見てはワクワク興奮し、真似したい、アレンジしたいと思うようになったと思われる。実際、北斎は、絵師としてデビューしてからも挿絵仕事を好んで引き受け、たとえば45歳からの10年間には200冊近い本の挿絵を請け負った。これは、貸本屋の小僧時代のよき思い出がさせたことと推察できる。

話を少年時代に戻すと、北斎は14歳ごろに父を失い、生活に窮するようになる。生活費を稼ぐため、版木の彫師のもとに弟子入りし、ここでの修行が、のちの浮世絵師・葛飾北斎の下地となる。のちに彫師たちから、北斎の絵ほど彫りやすいものはないと絶賛されているが、そういう絵を描く技術は、少年時代の彫師の修業をベースにしたものだろう。

北斎は19歳のときに、勝川春章に入門する。勝川春章は写実的な役者絵を描かせたら、当代一といわれた浮世絵師だった。北斎は春章に早くに認められたようで、早くも翌年、20歳のときに「勝川春朗」の名で、プロ絵師としてデビューしている。

その後の北斎の絵師人生は、順風満帆であったわけではない。一時はまったく売れない時代もあったが、さまざまな画風を取り込み、独特の世界を確立していく。その原点には、貸本屋の小僧生活や彫師を目指す修行時代があったのだ。

『解体新書』の出版後、杉田玄白はどうなった?

江戸時代、日本の医学を画期的に進歩させたのは、杉田玄白《すぎたげんぱく》と前野良沢《まえのりょうたく》の二人。彼らは、西洋医学を導入すべく奔走、翻訳に努力する。やがて、杉田玄白の名で翻訳書『解体新書』を出版した。

『解体新書』の原本は、オランダ語で書かれた『ターヘル・アナトミア』である。玄白らはオランダ医学の水準の高さを知り、関心を抱いていたところ、明和8年(1771)、玄白39歳のとき、『ターヘル・アナトミア』と出会う。

同年、前野良沢らとともに、罪人の遺体解剖に立ち会ったとき、『ターヘル・アナトミア』の解剖図がいかに正確であるかを確認。『ターヘル・アナトミア』の翻訳を決意する。

その翻訳が完成したのは安永2年(1773)、玄白41歳のときのこと。当時は、オランダ語の辞書もなく、1行を訳すのに1日かかることもあったという。翌年、

『解体新書』の名で世に出すまで、3年余りの歳月を要したのである。

『解体新書』以後の杉田玄白は、85歳まで長生きしたが、その間、じつに多忙な人生を送った。

杉田玄白は、もともと開業医（専門は梅毒）だったので、評判を聞きつけた患者が多数押し寄せてくる。もちろん、西洋医学の研究もつづけ、45歳のときにはヘーステルの外科書の翻訳に取り組んでいる。

また、『ターヘル・アナトミア』を翻訳した年は、個人的にも忙しくなりはじめた年だった。41歳となったこの年に、杉田玄白は初めての結婚をし、翌年には長女が生まれている。その後、彼女と間には、1男3女をもうけている。

最初の妻・登恵は、玄白が56歳のときに死去。このあと杉田玄白は、後妻いよを迎えている。その後も、玄白の精力は旺盛で、いよとの間にも1男3女をもうけている。

杉田玄白は晩年、83歳のときに回想録『蘭学事始』を著している。この書は江戸時代には刊行されず、明治になってから、福沢諭吉の奔走によって刊行された。

天保の改革に失敗した鳥居耀蔵の幽囚生活とは？

江戸末期の天保の改革で、老中・水野忠邦の懐刀《ふところがたな》として辣腕《らつわん》を振るったのが、町奉行・鳥居耀蔵《ようぞう》である。鳥居は、江戸市中の取り締まりを強化、その残忍さから「マムシの耀蔵」、あるいは甲斐守であったことから、「妖怪（耀甲斐）」と呼ばれた。彼は極端な洋学嫌いでもあり、蛮社の獄では蘭学者を厳しく弾圧、洋式兵制を唱える高島秋帆《しゅうはん》らを捕らえた。

しかし、天保の改革が失敗に終わると、弘化元年（1844）、鳥居は職を解かれ、翌年には町奉行時代の非を問われ、終身禁固の身として讃岐国・丸亀藩に預けられる。このとき、50歳。以後、明治維新を迎える明治元年（1868）まで、23年間の幽囚生活を送ることになった。

その暮らしぶりはというと、禁固の身だから、外出は許されず、一室にじっとして、ただ時が過ぎるのを待つというものだった。50歳にして禁固の身の上となった耀蔵の幽囚生活は、病との闘いでもあったようで、日記には「痛み極まる。昼夜眠る能はず」「病篤く、一事も記す能はず」「一粒の飯、一滴の水も口に入る能はず」といった体の不調が書き並べられている。

とはいえ、途中からは監視の目が緩くなり、近くを散歩したり、町の人びとと会話したりできるようにはなったという。耀蔵には、もともと医学の知識があり、町の人びとに対し、医療行為も行っていたようだ。

そんな幽囚生活を送っていた耀蔵だが、いよいよ明治になって放免の身となる。その幽囚生活がいかに長かったかは、耀蔵が部屋で食べた琵琶の種を窓から外へ捨てたところ、そこから生えた木が大木になっていたという話によく表れている。

耀蔵は放免後、すでに東京となっていた江戸へ戻るが、かつての部下と会ったとき、こんな捨てぜりふを吐いたという。

「蛮夷を近づけてはならぬという、俺の言葉は正しかった。従わなかったから、こんなご時世になったのだ」

洋学嫌いの耀蔵の面目躍如といったところだが、耀蔵はその5年後、明治6年（1873）に78歳で死去している。

幕末

薩英戦争で、薩摩藩が決行したスイカ売り作戦とは？

5

This book collects a series of
behind-the-scenes incidents
from Japanese history.

「ペリーの最初の上陸地は浦賀ではない」って本当？

嘉永6年（1853）、米国海軍のペリー提督が4隻の黒船を率いてやってきた。今の神奈川県の浦賀のはずれの久里浜に上陸、日本に開国を求める大統領の親書を幕府側に渡した。ただ、その上陸地は、現在の日本の領土という意味では、それは〝日本初上陸〟ではなかった。

その約9か月前、ペリー艦隊は、アメリカ東海岸のノーフォークを出航し、大西洋、インド洋を経て、香港に到着。その香港から日本へ向かう途中、琉球王国に立ち寄り、那覇に上陸しているのだ。久里浜に上陸する1か月半ほど前のことだ。

ペリーは、首里城への訪問を求めるが、琉球王国が拒否。すると、ペリーは200人以上の武装兵を率いて上陸を強行し、首里城に向かって行進した。琉球側はしかたなく、武具の持ち込みと兵士の入城を禁ずることを条件に訪問を許し、ペリーと士官数名が琉球の首脳と会見、ペリーは開国を促す大統領親書を手渡した。

その後、ペリーは小笠原諸島に向かい、父島を調査、いったん沖縄へ戻ってから、浦賀沖に現れたのだった。

ペリーが沖縄へ立ち寄ったのは、当初からの計画どおりの行動だった。徳川幕府が開国を拒否した場合には、ペリーは武力をもって開国を迫るつもりで、琉球諸島をそのさい前線基地にしようと考えていたのだ。

浦賀で国書を受け取るまでの経緯は?

幕府は、ペリーが開国をうながすため、来航するという話をオランダから聞いていた。しかし、とくに対策は練らず、のんびり構えていた。それ以前にも、交易を求めてきたイギリスやロシアの船を追い返したことがあったので、ペリーに対しても要求を拒否し、交渉を引き延ばせば、いずれは帰っていくものと考えていたのだ。

というように、幕府上層部が無策だったのに対し、奮闘したのは、黒船を目のあたりにした浦賀奉行所勤めの中級武士たちだった。

まず、城ヶ島の漁師から「とんでもなく大きな船を見た」という報告を受けると、与力の中島三郎助は、早速、自分の目でも確認。艦隊と接触することを決断し、6月3日、オランダ通詞の堀達之助とともに、ペリー艦隊の旗艦「サスケハナ号」に接近する。

「サスケハナ号」で応対に現れたのは、オランダ語通訳のポートマンだった。ポートマンが、日本政府の高官相手でなければ交渉しないと伝えると、堀が機転をきかせ、中島を指して「浦賀の副総督である」と偽って紹介した。むろん、浦賀奉行所に副総督という地位はなかった。

これにペリーは納得し、副官のコンティ大佐を出し、話をさせる。中島は、日本の国外窓口だった長崎に行くように求めるが、コンティはこれに同意せず、両者の話は平行線をたどった。

翌4日、今度は、やはり与力の香山栄左衛門が「サスケハナ号」に向かう。通詞の堀は、香山を「浦賀で最高の者」と紹介する。ペリー側は、艦長のブキャナン、参謀長のアダムスらが折衝に現れた。香山は、中島と同様、長崎に向かうように求めるが、アメリカ側はこれを拒否し、国書を渡そうとする。

香山はこれを拒否。すると、アメリカ側は上陸して直接、将軍に国書を手渡すと言いだした。香山は、その事態を回避するため、3日間の猶予を取り付ける。そうした情報を受けて、老中首座・阿部正弘は、国書の受理を決断する。

この間、アメリカ側と香山らは交渉をつづけ、ときとしてアメリカ側は一戦交えることも辞さないという姿勢を見せる。浦賀奉行所の役人たちは、その脅しに屈することなく、ペリー艦隊を江戸湾奥深くまで進めようとしたときは、抗議して途中で追い返した。浦賀奉行所の幕臣たちは、なかなかに頑張ったのである。

結局、6月9日、浦賀の近くの久里浜で、浦和奉行が大統領親書を受け取ることになった。そして、開国をめぐっては、将軍の病気を理由に、判断するまでに1年の猶予を求める。

ペリーは、それを承知していったん香港まで戻るが、半年後には、再び浦賀沖に現れた。しかも、江戸湾に艦船を9隻も並べてみせたので、江戸市中はパニック状態に陥る。そして、ペリーは大砲を発射するなどして、幕府を露骨に威嚇。再来航から約1か月半後には、日本との開国交渉をまとめあげたのだった。

「開国」は、経済や暮らしにどんな影響を与えた？

その後、日本は、アメリカと日米修好通商条約を結び、イギリス、フランス、オランダ、ロシアとも同様の条約を締結して、横浜、長崎、箱館（現在の函館）で貿易をはじめ、本格的に開国することになった。

これらの港のうち、事実上、日本の玄関となったのは、江戸に近い横浜だった。当初、アメリカ公使のハリスは、開港場所として東海道に面した神奈川港を求めたが、幕府は、神奈川に近い漁村だった横浜村に港を設け、そこを開港場所にした。

条約を結んだ5か国のなかで、貿易額が最も大きかったのはイギリスである。日本を開国させたアメリカは、その後、南北戦争が勃発し、日本との貿易どころではなくなった。その間隙を突いて、当時、世界最大の経済大国だったイギリスが貿易量を拡大させたのである。

すると、日本国内では、主力輸出品だった生糸や茶などの生産が追いつかなくなった。品不足が生じて物価は高騰した。

さらに、中国で太平天国の乱が起き、イギリスやフランスが介入すると、雑穀などの他の物資まで輸出されるようになり、国内の物価はさらに高騰した。

これに対して、幕府は万延元年（1860）3月、生糸、雑穀、水油、蝋、呉服の五品は、江戸の問屋を経由しなければならないとする「五品江戸廻送令」を発布する。それは、江戸の問屋の保護と物価統制を目的とした策だったが、イギリスなどから自由貿易を妨げるものとして強い反発を受ける。さらに、国内商人が法令を無視して直接取引きを続けたため、効果は上がらなかった。

安政の大地震の被害は？

幕末の安政年間（1854〜1860）には、マグニチュード6を超える地震が立て続けに5回も起きた。なかでも、安政2年（1855）10月に江戸で起きた直下型地震は、「安政の大地震」とよばれ、死者1万人以上、倒壊した家屋は1万5

000軒以上にのぼった。

なかでも大打撃を受けたのが、吉原だった。火事が発生して丸焼けになり、約1000人の遊女と客が命を落としたとみられる。

では、安政の大地震から、江戸の人々はどのようにして立ち直ったのだろうか？まず、地震発生から3日後の10月5日、幕府は「御救い小屋」という救済施設を複数設け、炊き出しを行う。民間では、裕福な町人たちが米や味噌を寄付したので、多くの人々が食事にありつくことができた。

その後、震災をきっかけにして、建築需要が伸び、大工や左官などの職人の世界を中心に、好景気にわくことになる。地震は深刻な被害をもたらしたものの、幕末の江戸の人々はそれをたくましく乗り越えたのである。

米国軍艦に乗った遣米使節の目的は？

安政7年（1860）1月19日、遣米使節団を乗せた米国軍艦ポーハタン号が日本を出発し、アメリカへ向かった。使節団派遣の目的は、日米修好通商条約の批准書を交換することにあった。

アメリカで批准書を交換するというアイデアは、アメリカのハリスとの条約交渉に臨んだ目付・岩瀬忠震《ただなり》が発案したものだった。岩瀬は、「米国から日本へは三度も使節が来ている。次は、日本から使節を派遣し、ワシントンで批准書の交換をしてはどうだろうか」とハリスに提案、賛同を得ていた。

むろん、岩瀬は、自分がその役目を務めるつもりで提案したのだが、その後、井伊直弼が大老に就任すると、岩瀬は左遷され、渡米視察の夢は消えた。正使に選ばれたのは、神奈川奉行兼外国奉行の新見《しんみ》正興《まさおき》だった。使節団は、幕府役人や従者ら、総勢77人におよんだ。

ポーハタン号は出港後、燃料補給のため、ハワイにいったん寄港、旅立ちから約50日をかけて3月8日、サンフランシスコに到着した。その後、使節団はパナマを経由して、5月にワシントンに到着。ホワイトハウスを訪れた一行は、ブキャナン大統領と会見し、条約の批准書を交換して任務を終えた。

アメリカ本土に上陸した一行は、各地で歓迎され、沿道に立つ大勢の人に花束で出迎えられた。

咸臨丸の指揮官は、勝海舟ではなかった⁉

遣米使節の派遣では、ポーハタン号とは別に、もう一隻の船がアメリカに向けて出発していた。勝海舟を艦長とする軍艦「咸臨丸」である。表向きの目的はポーハタン号の護衛にあったが、もう一つの目的は、日本人だけの力で太平洋を横断することにあった。

そして、一般的には、咸臨丸は、勝海舟艦長の指揮のもと、日本人が独力で、初めて太平洋を横断したとも思われている。

勝自身も、『氷川清話』という回顧録のなかで、「サンフランシスコへ着くと、日本人が独りで軍艦に乗ってここへ来たのは初めてだといって、アメリカの貴紳らもたいそう誉めて〜」などと自慢している。しかし、現実には、勝が咸臨丸を指揮したとは、いえない実状があった。

その航海では、海上になった38日間のうち、じつに34日は悪天候で、咸臨丸は太平洋の荒波にもまれ続けた。勝は、浦賀出港直後から船酔いして、ほとんど私室にこもったまま、部屋を出てこなかった。

結局、航海中、咸臨丸の指揮を執ったのは、帰国のために咸臨丸に同乗していたアメリカ人のブルック大尉以下11人の米国人乗組員だった。ブルック大尉は日記に、次のように記している。

「勝海舟は、航海中ほとんど船酔いしていた」

実際は、アメリカ人の手助けを借りながらの航海だったのである。

そのブルック大尉らは、測量船クーパー号で、日本近海まで来て遭難。日本で保護されていたが、アメリカに帰国するさい、念のため、咸臨丸に同乗することになったのだ。

当初、勝は「オレたちを信用しないのか」と、彼らの同乗を拒否したが、咸臨丸総督（総責任者）の木村喜毅が勝を説得して乗せていた。最終的には、その木村の判断によって、咸臨丸は救われたことになる。そんな状態だったので、この航海はとても勝の功績とは呼べない。

井伊大老が暗殺後も生きていることにされたのは？

安政7年（1860）3月3日、大老・井伊直弼が、水戸藩浪士らによって暗殺された。いわゆる桜田門外の変である。

しかし、当日の様子を記録した史料には、この大事件についてふれていないものが少なくない。たとえば、将軍家茂時代の正史である『昭徳院殿御実紀』には、「例年通り、桃の節句の祝いが行われた」とだけある。

そうなった理由は、井伊直弼の死が公的には伏せられていたからである。幕府は、大老が横死したことをすぐには認めなかったのだ。

その目的は、むろん幕府の威信を低下させないことにあったが、もう一つ、水戸藩と彦根藩の衝突を避けようとしたこともあった。事件直後、藩主を殺害された彦根藩には、水戸藩に報復しようという動きがあった。事件の黒幕は水戸の徳川斉昭《なりあき》だという噂が流れ、彦根藩士の怒りは頂点に達していたのである。

一方、水戸藩も、脱藩浪士の起こした事件とはいえ、彦根藩からの報復を警戒して、神経をとがらせていた。両藩は、いつ衝突してもおかしくない状況にあったのだ。

そこで幕府は、表向きは、井伊直弼の死を認めないことで、両藩内の空気が鎮静化するのを待った。その期間は約2か月にもおよび、幕府はその間、亡き井伊に対して「御役御免」の辞令を出すなど、公式には生きているかのように見せかけていたのである。

結局、幕府が公式に井伊の死を認めないことで、両藩は動きにくくなり、全面対決は回避された。そして、井伊の死から時間を稼いだことで、彦根藩の家督相続の手続きも無事に終えられ、お家断絶を免れたのである。

対馬がロシアの植民地になりかけたのは？

対馬は、九州の北方に浮かび、今は長崎県に属する島。地理的に朝鮮半島に近いため、古くから対朝鮮外交の日本側の窓口になってきた。その対馬が、危うくロシアの植民地にされかけたことがある。

万延2年（1861）2月、ロシアの軍艦ポサドニック号が対馬に来航し、船を修理したいと対馬藩に申し出る。「修理なら仕方ない」と許可すると、ロシア兵は上陸し、芋崎浦を占拠。何の許可も取らず、兵舎や工場、練兵場を建てはじめた。むろん、対馬藩主の宗《そう》義和は、艦長に撤退を求めるが、ロシア側は耳を貸さず、建設を続ける。やがて、住民とロシア兵の間に小競り合いが起き、島民から死者が出た。

幕府も、その事態を見過ごすことはできず、外国奉行の小栗忠順《ただまさ》を派遣する。だが、ロシア側は、幕府とまともに交渉しようとせず、対馬藩主に対して土地の租借を求めてきた。ロシアの狙いは、不凍港を確保するため、対馬に根拠地を築くことにあったようだ。

事態がそこに至って、ついにイギリスが動く。駐日イギリス公使のオールコックが、対馬にイギリス軍艦を派遣。ロシア海軍の不法滞在に対して強く抗議したため、同年8月、ロシア艦隊は引き揚げていった。今も、芋崎浦には、ロシア軍の建設した波止場や井戸の痕跡が残っている。

西郷隆盛の本名は「隆盛」ではない!?

西郷隆盛は、ふだんは「吉之助」という通称を使っていた。薩摩では、本名で呼ぶのは親と主君だけとされ、友人や知人は、西郷のことを「吉之助さあ」と呼んでいたのだ。

ただ、政府高官や公家宛ての手紙には、本名を記さなければならない。西郷の場合、岩倉具視宛ての直筆の手紙が残っているが、そこには「西郷隆永《たかなが》」と書かれているのだ。そう、西郷の本名は「隆盛」ではなく、「隆永」だったのである。

それなのに「西郷隆盛」という名前が広まった原因は、友人の勘違いにあった。明治2年（1869）、西郷は「正三位」の位を授かることになり、そのさい書類に本名を記す必要があった。明治政府は、西郷に本名を尋ねようとしたが、本人は箱館戦争を終えて、鹿児島へ帰る途中で、連絡が取れなかった。そこで、友人の吉井友実《ともざね》に尋ねた。

そのとき、吉井が告げたのが「西郷隆盛」という名前で、政府も「正三位西郷隆盛」として公布した。だが、その隆盛は、西郷の父親の名だったのである。

間違った名前だったとしても、いったん政府が公布した以上、簡単には修正できない。西郷自身も、ふだんは「吉之助」と名乗っていたので、「まあ、いいか」と放置したため、この維新の功績者は「西郷隆盛」という名で歴史に残ることになったのである。

唐人お吉が牛乳店の恩人といわれるのは？

日米和親条約締結後の安政3年（1856）8月、タウンゼント・ハリスは、米国総領事として日本にやってきた。伊豆下田の玉泉寺に領事館を構え、通商条約締結に向けた業務をはじめた。当時、彼は52歳だった。

その後、ハリスが体調を崩したさい、通訳のヘンリー・ヒュースケンが、ハリスの世話をする看護士を派遣してほしいと、地元の役人に頼んだ。しかし、当時の日本に看護士という概念はなく、役人は「妾が欲しいのだな」と気をまわし、下田一の人気芸者・斉藤きち（お吉）に白羽の矢を立てた。そして、お吉は、外国人の身の回りの世話をしたことから、「唐人お吉」と呼ばれるようになった。

そのお吉は「乳業の恩人」とも呼ばれる。ハリスが病に伏せったとき、「ミルクを飲みたい」というハリスの要望にこたえて、お吉は農家から牛乳を買い集め、飲ませたからだ。

当時、日本には牛乳を飲むという習慣がなく、一般の感覚では牛の血をそのまま飲むようなものだった。農家と交渉し、買い集めるだけでも、相当に勇気のいることだったのだ。

明治維新後、牛乳の栄養価の高さが日本でも認知され、栄養源となっていく。そのさきがけとして、牛乳を飲み物として扱ったお吉は、牛乳の歴史のパイオニアに位置づけられることになった。

昭和37年（1962）には、伊豆を創業の地とする森永乳業が、ハリスが領事館を構えていた玉泉寺に「牛乳の碑」を建立している。

初代アメリカ総領事ハリスは その後、どうなった?

その後、病から回復したタウンゼント・ハリスは、日米修好通商条約の締結に向けて奮闘し、調印にこぎつけるが、その後の彼はどうなったのだろうか?

ハリスは、通商条約の締結を果たしたあと、下田の領事館から、江戸麻布の善福寺に置かれた公使館へ移った。そこで多忙な日々を送るが、彼の日本暮らしは文久2年(1862)に終わりを迎えることになる。再び体調を崩し、帰国を願い出て、日本を離れることになったのだ。

彼の日本滞在中、攘夷派の動きが活発になり、他国の公使館関係者が暗殺を恐れて江戸を去るなかでも、ハリスはただ一人江戸にとどまり続けたのだが、健康上の理由には勝てなかった。また、当時、本国で南北戦争が勃発していたため、ハリスは母国の行く末を気にしていたという説もある。

いずれにせよ、ハリスは日本を離れ、来日前の赴任地であったセイロン島に立ち寄った後、故郷のニューヨークに戻り、以後はアパートで一人暮らしを続けた。そんなハリスが亡くなったのは、明治11年（1878）2月のこと。帰国後のハリスは、日本での業績を認められ、国から年金をもらってはいたものの、公職にはつかず、質素な晩年を過ごし、息をひきとった。

薩英戦争で、薩摩藩が決行したスイカ売り作戦とは？

文久2年（1862）、武蔵国の生麦村（現在の横浜市鶴見区）で、薩摩藩士が3人のイギリス人に斬りかかった。理由は、騎馬のイギリス人が、薩摩藩の大名行列の行く手を阻んだというものだった。その斬撃によって、イギリス人1名が死亡し、2名が重傷を負った。これが、いわゆる「生麦事件」である。

イギリス側は激怒し、鹿児島湾に7隻の艦隊を差し向ける。そして、幕府と薩摩藩に多額の賠償金を求めるとともに、犯人の処刑を要求した。薩摩藩は「生麦事件に関して責任はない」という返答書を送る一方、海江田信義と奈良原喜左衛門に、イギリス艦隊を撃退する案を考えさせる。

そして、編み出されたのが「スイカ売り作戦」だった。藩士がスイカ売りに扮して英国の艦船に近づいて乗り込み、合図とともにイギリス兵に斬りかかって、艦船を奪おうという作戦だった。

この作戦は実行に移され、薩摩藩士数人が旗艦ユーライアス号に乗り込むことに成功する。「何だ？　何だ？」と集まってきたイギリス兵に対して、薩摩藩士はスイカを売り、さらに帽子に興味を持ったり、口ヒゲをひっぱったりして時間を稼いだ。

そして、後方部隊からの「突撃！」の合図を待っていたが、駆けつけてきた藩士がかけたのは「待った！」の声。他のイギリス艦船で、スイカ売りが怪しまれたことで、作戦が中止されたのだった。

やがて、砲撃による戦闘が開始された。イギリス艦船による砲撃で、鹿児島の城下では大火事が起きる。この薩英戦争によって、薩摩は近代的な軍事力を目のあたりにして、藩論が攘夷から一転、開国へ、やがては倒幕に向かうことになった。

坂本龍馬は、革靴をどこで手に入れたのか？

坂本龍馬の肖像写真を見ると、彼が革靴を履いていたことがわかる。むろん、幕末の日本で革靴を履いていた人は、ひじょうに珍しい。龍馬は、革靴をどうやって入手したのだろうか？

一説には、立像写真の龍馬が履いているブーツは、高杉晋作からプレゼントされたものといわれる。長州が外国商船を砲撃し、外国艦隊から報復を受けたとき、高杉はその停戦交渉役をつとめたことがある。そのさい、高杉は、外国軍艦の乗組員の履いていた革靴を入手し、それを龍馬にプレゼントしたと伝えられるのだ。

また、別の写真で龍馬が履いている別の革靴は、長崎のトンプソンという靴商人から贈られたものではないかといわれる。龍馬が率いた亀山社中が本拠地としていた長崎には、グラバー商会をはじめ、数多くの商社や商店が開業していた。そのなかには靴職人の工房もあり、その主人のトンプソンが、ボロボロだった龍馬の革靴を見かね、新調したのではないかとみられている。

龍馬の写真のほとんどを撮影した〝カメラマン〟は？

現在、龍馬の写真は6枚残っているが、そのうちの5枚は同じ〝カメラマン〟によって撮影されたものとみられる。撮影したのは、日本人初の職業写真師といわれ、長崎に写真館を開いていた上野彦馬である。

上野は天保9年（1838）、長崎で生まれた。父親は、日本で初めて写真機器（銀板写真）を輸入した上野俊之丞である。

上野彦馬は20歳の頃から、オランダ軍医の塾で化学を学び、父親の影響もあって、写真に興味をもち、湿板写真術を習得した。そして文久2年（1862）、23歳のときに、長崎で「撮影局停車園」を開く。一般には「上野撮影局」と呼ばれ、後に龍馬や高杉晋作、桂小五郎（木戸孝允）、後藤象二郎といった幕末の志士たちが写真撮影に訪れた。

上野が撮影した龍馬の写真は、台座に寄りかかるブーツの姿の立像のほかに、椅子に座ったブーツ姿の写真（慶応3年1月頃撮影）、肖像写真（同時期に撮影）、海援隊のメンバーと撮影したもの（同時期に撮影）などが残っている。

近藤勇の刀は、本当に名刀「虎徹」だったのか？

元治元年（1864）、新撰組は、京都三条木屋町の旅館池田屋で、長州・土佐藩などの尊皇攘夷派を襲撃。9名を討ち、4名を捕らえるという戦果をあげた。

新撰組隊長の近藤勇は、郷里に送った手紙のなかで、その戦闘の様子について、味方の刀や槍が激闘でボロボロになったが、自分の刀は『虎徹《こてつ》』であるため、「折れも、曲がりもせず、鞘に納まった」と記している。

ところが、近藤自身が、名刀の虎徹だと思っていた刀は、現在では偽物だったという説が有力になっている。長曽禰《ながそね》興里《おきさと》虎徹は、越前出身の江戸初期の刀工で、甲冑鍛冶から刀工に転向し、江戸で名をなした刀工。彼の鍛えた刀は切れ味抜群で、尾張徳川家、土佐山内家、大老井伊直弼なども所蔵する名刀とされた。

作家・子母沢寛《しもざわかん》の『新撰組始末記』は、近藤が、どのようにして虎徹を手に入れたかについて、「江戸で買い求めた」、「鴻池（大坂の豪商）にもらった」、「（新撰組隊士の）斎藤一が掘り出した」の三説をあげている。

ところが、近藤の〝虎徹〟は、刀匠の源清麿が打った刀に偽銘を施したとする説もあって、近年ではこちらの説が有力となっている。池田屋事件の後、近藤の刀を見た京の刀研ぎ師が、「上出来だが、偽物」と書いた文書も残っている。もっとも、実際の作者とされる源清麿も名工といわれた刀工の一人であり、その刀は現在では虎徹と並ぶ評価をされている。

奉公先を追い出された土方歳三はどうやって新撰組にたどりついた？

新撰組の副長を務めた土方歳三。彼は、若いころ、いまでいうデパート勤めをしていて、ドジをしでかしている。

土方歳三は、武蔵国多摩の豪農・土方家の末っ子として生まれている。土方家は、「石田散薬」という打ち身用の薬の製造・販売も手がけ、豊かだったが、当時の農家では、次男坊以下は他家に奉公に出すのがふつうであり、土方歳三もやがて他家奉公の身となる。

11歳のときには、江戸の大店・いとう松坂屋に丁稚奉公にあがっている。いとう松坂屋は名門で、いまでいえば高級デパートのような存在。豊かな土方家だから、縁故を頼って、末っ子の歳三もいい奉公先を確保できたのだろう。

ところが、土方歳三は、1年ももたずに実家に戻ってきてしまう。番頭にきつく叱られたことに我慢ならず、飛びだしたという。

その後、歳三は、しかたなく実家の「石田散薬」を行商していたが、しだいに実家にはいづらくなり、姉のノブの嫁ぎ先である佐藤家へ身を寄せるようになる。佐藤家もまた豪農で、当主・彦五郎は自宅に道場を設けていた。彦五郎の影響もあって、土方歳三は剣術に興味を持ちはじめる。

そんななか、歳三は、17歳のときにふたたび奉公に出ている。今度は、江戸の松坂屋の支店・亀店であり、やはりデパート勤めのような身分だ。

この店で、歳三は女性とデキてしまう。その女性との間には子どももできるが、奉公したての身で結婚は許されない。歳三は女性と別れることになり、奉公先をクビになってしまう。

二度も奉公先で失敗した歳三は、どうやら奉公での立身をあきらめたようだ。それよりも、剣の道に活路を見いだそうとする。歳三が入りびたっていた佐藤家の道場には、天然理心流の近藤勇が稽古をつけに来ていた。土方歳三はそこで近藤勇と会い、天然理心流に入門。そこから、剣客土方歳三としての人生が始まったのだ。

沖田総司は本当に池田屋で血を吐いたのか？

池田屋事件をめぐる小説には、結核を患っていた沖田総司が喀血しながら戦ったと書く作品もある。しかし、その話には、かなりの疑問符がつく。沖田が本当に結核を患っていたのなら、池田屋襲撃に同行しただろうか。さらには、沖田は池田屋事件の5日後、東山の料亭「明保野《あけぼの》」に潜伏していた残党襲撃にも参加し、さらには翌月の禁門の変にも出動したという記録が残っているのだ。

本当に結核の症状が進んでいたのなら、頻繁に戦うのは難しかっただろうという理由から、沖田が結核を患ったのは、池田屋事件後だったという見方があるのだ。

史料的には、幕府典医の松本良順が、池田屋事件の2年後、新撰組を診察した記録には、重病の患者は心臓病と結核病の二人と記されている。その肺結核と診断されたのが、沖田ではないかとみられるのだ。

そもそも、沖田が池田屋事件の戦闘中に喀血したという話は、明治時代まで生き残った元新撰組隊士の永倉新八が書いた『新撰組顚末記』のなかで、沖田が戦闘中に昏倒したという記録がもとになっている。ただし、永倉は「昏倒した」と書いているだけで、喀血したとは書いていないのだ。

新撰組は鳥羽・伏見の戦いの後、どうやって江戸へ帰った?

新撰組は、鳥羽・伏見の戦いでは、すでに負傷していた局長の近藤勇に代わって、副長の土方歳三が指揮をとった。会津藩兵らと行動をともにするが、慶応4年（1868）正月5日、新政府軍の銃撃に遭って隊士14名が戦死、石清水八幡宮《いわしみず》に近い橋本（京都府八幡市）まで退却。さらに6日には、隊士4名が戦死し、大坂まで敗走した。

7日、土方は大坂城に入り、態勢を立て直すつもりだったが、その前夜、徳川慶喜はすでに大坂城を脱出し、江戸へ逃亡していた。総大将が兵を置き去りにして逃げたため、旧幕府軍は戦意を喪失、事実上、解散状態となって、上方での戦いは終わりを告げた。

新撰組も、江戸へ退去することになった。土方らは大坂の天保山に集まると、幕府軍艦の「富士山」と「順動《じゅんどう》」に分かれて乗船、出航した。いったん兵庫に停泊し、1月11日、江戸に向かう。

翌日、「順動」は品川に入港、「富士山」は14日に横浜に入港した。その後、新撰組は、甲府などで戦い、じょじょに隊士の数を減らしたり、分裂したりしながら、消滅していくことになる。

幕臣だった山岡鉄舟に舞い込んだ「思いもよらぬ話」とは？

江戸城の無血開城については、最終的にそれを決した西郷隆盛と勝海舟の会談ばかりがクローズアップされる。しかし、両者の会談を実現させたのは、幕臣の山岡鉄舟の無謀ともいうべき情熱と行動力だった。

当時、鉄舟は、上野寛永寺で、徳川慶喜の護衛隊長を務めていた。鉄舟は、日に日にやつれていく慶喜の姿を見て、新政府軍の大総督へ乗り込み、慶喜の心情を伝えるべきと海舟に訴える。

そして、海舟の書状を懐へしのばせ、駿府へ急行すると、新政府軍の陣営に、単身で「朝敵徳川慶喜家来、山岡鉄舟まかり通る」と大声を発しながら、堂々と乗り込んだ。一歩間違えば、その場で射殺されてもおかしくなかったが、鉄舟のすごみに、新政府軍の兵士たちは、一歩も動けなかったという。その後、隆盛と直談判、江戸開城の基本条件について、合意を取り付けることに成功した。

西郷は、のちに「金もいらぬ、名誉もいらぬ、命もいらぬ人間は、始末に困る。しかし、始末に困る人でなければ、天下の大事を語るわけにも参り申さん」と称賛した。江戸無血開城は、こうした鉄舟による下地作りがあったから、隆盛と海舟の会談が実現したのだ。鉄舟、このとき、32歳だった。

その鉄舟に、思いもよらない話が舞い込んだのは、明治5年（1872）のこと。侍従として、天皇に仕えよという要請だった。鉄舟は、「かつて自分は、朝敵と呼ばれた徳川家の臣であるから」と断った。だが、西郷隆盛が「この役、貴公以外の者では務まり申さぬ」と熱心に誘い、「ならば10年だけ」と期限を区切って、鉄舟は侍従就任を受け入れた。

隆盛は、20歳の明治天皇の周りから女官を遠ざけ、鉄舟ら骨っぽい人間で固めることで、骨太な君主に育てようと考えていた。他の侍従のなかには天皇と相撲をとるとき、手加減してわざと負ける者もいたが、それを苦々しく思った鉄舟は、天皇をあっさり投げ飛ばす。以後、天皇は鉄舟に一目置くようになったといわれる。

鉄舟は、明治維新後も剣術をつづけ、44歳のとき、一刀正伝無刀流を創始した。剣とともに、禅、書の達人としても知られている。

明治16年（1883）には、維新に殉じた人々を弔うため、東京・谷中に全生庵を建立。その5年後の7月19日、明治天皇の住まう皇居に向かい、結跏趺坐《けっかふざ》（禅の瞑想姿）のまま絶命したという。

慶喜の正室が大奥に入らなかったのは？

江戸時代、徳川将軍の正室は大奥で暮らすものとされていたが、唯一、大奥に入らなかったのが、15代将軍徳川慶喜の妻・美賀子である。

美賀子は京都の公家・今出川家の出身で、安政2年（1855）、一橋慶喜（当時）に輿入れした。その後、美賀子は江戸の一橋家で暮らし、慶喜が将軍になった後も、大奥に入ることなく、一橋家にとどまった。

その理由はシンプルで、慶喜自身が将軍就任後、江戸城にはいることがなかったからである。慶喜が15代将軍になったのは、慶応2年（1866）12月5日のこと。その後、慶喜は政局の中心だった京都にとどまり、将軍宣下《せんげ》も上方で受けた。

慶喜が江戸城にいないのだから、妻の美賀子一人が大奥に入ってもしかたがない。そこで、慶喜が将軍の座につくまえと同様に、一橋家で過ごしたのだ。

慶喜が江戸に戻ってきたのは、鳥羽・伏見の戦いで敗れたあとのこと。そのとき、慶喜はすでに大政奉還を行っていたので、将軍ではなくなっていた。しかも、いったんは江戸城に入るが、すぐに出ていき、上野の寛永寺で謹慎生活にはいる。慶喜が江戸に戻ってからも、美賀子が大奥で暮らす余地はなかったのだ。

美賀子は、大奥入りしなかっただけでなく、慶喜の将軍就任後は、一緒に暮らすこともままならなかった。二人が一緒に暮らすようになるのは、明治2年（1869）9月、慶喜の謹慎が解けたあとのこと。その2か月後の11月から、慶喜のいる静岡の代官屋敷での同居生活が認められたのだった。

幕末、藩主自らが「脱藩」した理由は？

上総国（今の千葉県）に、請西藩《じょうざいはん》という1万石の小藩があった。

大政奉還の行われた慶応3年（1867）、2代藩主の林忠交《ただかた》が死去すると、甥の忠崇《ただたか》が家督を相続した。

忠崇は、小藩なりに洋式の軍備を整え、有事に備えた。戊辰戦争がはじまると、藩内では新政府軍につくか、旧幕府軍につくかで、議論が割れた。そんな折り、旧幕府側の遊撃隊や撤兵隊が請西藩へやってきて、忠崇に協力を要請する。忠崇は当時19歳の青年だった。

林家はもともと旗本から、大名（1万石以上）に取り立てられた家。忠崇は徳川家へひとかたならぬ恩義を感じていたので、旧幕府側につくことを決意し、家臣七十数名とともに領地を捨て、遊撃隊に加わり、そのとき、藩主自ら脱藩している。そうしたのは、領民に迷惑がかかることを避けるためだったとみられる。

遊撃隊に加わった忠崇は、館山や箱根、伊豆などで新政府軍と戦うが、敗走。さらに、奥州へ転戦するが、旧幕府軍の中心だった仙台藩が白旗を掲げたさい、忠崇も仙台で降伏。江戸の唐津藩邸に幽閉された。

新政府は、忠崇を反逆者とみなし、林家を改易処分とする。林家は、戊辰戦争で唯一改易された大名家だった。

その後、旧藩士によって、林家の家名復興の嘆願が提出され、忠崇は華族の一員とされる。その後、忠崇は長命し、昭和16年（1941）、「生存する最後の大名」として、92歳で没している。

アメリカから帰った
ジョン万次郎のその後は？

ジョン万次郎こと中浜万次郎は、文政10年（1827）1月1日に、土佐国幡多郡中ノ浜に、漁師の次男として生まれた。万次郎は、子供の頃から家業の漁業を手伝っていたが、14歳のとき、海で遭難したことで、人生が一変する。流れついた無人島の鳥島で半年近く生き延びたあと、アメリカの捕鯨船に救助され、そのままアメリカに連れていかれて、約8年の月日を過ごすことになったのだ。

万次郎が日本に戻ってきたのは、嘉永4年（1851）の正月のことだった。彼は琉球の摩文仁《まぶに》海岸に上陸し、鹿児島と長崎で取り調べを受けた後、帰国を許される。

そして、まもなくペリーが来航し、日本は開国を余儀なくされる。すると、万次郎は、日本人として唯一、米国暮らしを経験し、英語ができ、海外知識が豊富なところを買われて、幕府に通訳や訓練所の教授として迎えられることになった。

そして、万延元年（１８６０）には、幕府の使節としてアメリカへ、維新後は普仏戦争の視察のため、ヨーロッパへと渡り、明治政府のためにも働いた。

ただ、維新後になると、英語のできる人材が増えたため、幕末期ほどには活躍の場を与えられることはなく、やがて歴史の表舞台から姿を消すことになった。そして、明治31年（１８９８）、波乱に満ちた71年の生涯を終えている。

公武合体で将軍徳川家茂と結婚した和宮のその後は？

史上初めて、皇女として武家に降嫁した皇女和宮（孝明天皇の妹）。14代徳川家茂の正室となったのは、文久２年（１８６２）２月11日のことだった。

もともと、この結婚は、幕府権力の再浮上を図るため、公武合体策の一環として、幕府が朝廷に請願して実現した政略結婚。当初、和宮も朝廷側も、和宮が先帝の皇女であること、和宮に有栖川宮熾仁《たるひと》親王という婚約者がいることなどを理由にいったんは断った。だが、幕府は、再三再四請願して、朝廷側はついに勅許せざるを得なくなる。そのとき、家茂、和宮ともに17歳だった。

和宮は、こうして大奥に入るが、将軍の正室を「御台様《みだいさま》」と呼ぶ江戸城内の習いを拒否して「和宮様」と呼ばせたり、挨拶は夫の家茂から和宮に言上させるなど、御所風の生活にこだわった。

しかし、家茂が側室を置かずに、和宮に心からの愛情で接したことから、夫婦仲はよかったといわれている。和宮も、家茂が騒然とした京都や大坂へ上るたびに、家茂の無事を祈り、徳川家の菩提寺である増上寺に祀る黒本尊にお百度を踏んだと伝えられる。

結婚から4年目の慶応元年（1865）5月16日、和宮は、西に向かう家茂に、西陣織の土産をねだる。ところが、第二次長州討伐の最中、家茂は大坂城で病死。和宮のもとへは、家茂の亡骸とともに西陣織が届けられた。和宮は、その西陣織で棺をおおったという。

以後、和宮は落飾し、「静寛院宮《せいかんいんのみや》」となる。しかし、その2年後には、戊辰戦争が勃発。和宮は、生家が婚家を討伐するという苦しい立場に置かれる。しかも、新政府軍の東征大総督は、かつての婚約者・有栖川宮熾仁親王だった。

和宮は、京都から逃げ帰った最後の将軍慶喜から、徳川家の救済を懇願される。和宮は、朝廷や有栖川家などに掛け合って、江戸城無血開城と徳川家の存続に寄与したといわれている。

江戸城を明け渡したのちは、2年間は田安家屋敷へ移った。明治2年（1869）、故郷の京都へ戻り、聖護院を仮御殿とした。5年後、明治天皇の東京行幸（事実上の東京遷都）に伴って、東京に戻り、麻布に居を構えると、徳川一門とも広く交流をもった。大奥で対立した天璋院《てんしょういん》（篤姫《あつひめ》）とは、勝海舟の家で食事をともにし、仲直りしたという。

その後、脚気を患い、箱根塔の沢温泉で療養中の明治10年（1877）9月2日、脚気衝心（脚気による心不全）の発作により、32年の生涯を閉じた。その墓は、増上寺の家茂の墓の隣に並び建てられている。

大奥の実権を握っていた天璋院（篤姫）のその後は？

西郷隆盛と勝海舟の会談によって、江戸開城が決定したのは、慶応4年（1868）3月14日のこと。徳川幕府は、4月11日までに城を明け渡すことになり、若年寄以下旧幕府の役人たちは、江戸城を出て田安邸へ移った。大奥の女性たちも立ち退くことになり、ほとんどは、里帰りを命じられた。

また、老中たちは会議を開き、14代家茂の正室・静寛院宮（和宮）と、家茂の生母である実成院はとりあえず田安家へ、13代家定の正室・天璋院（篤姫）と生母の本寿院は、一橋家へ移ってもらうことにした。

ところが、「私は殺されても動きません」と、立ち退きを断固拒否したのが、当時、大奥の実権を握っていた天璋院である。

老中が説得しても、「将軍がこの先、どうなるのかわからないのに、城を明け渡すとは何たること！」と訴えて、動こうとはしなかった。天璋院は、徳川家の知行地がどうなり、その禄高がどうなるのか、はっきりしなければ、城を明け渡すわけにはいかないと訴えたのだった。

それればかりか、やがて江戸城へやってくる薩長の武士どもに、徳川の威光を見せつけようと、大奥の奥座敷などを高価な美術品や芸術品で飾り立てた。

そうして日数が経過し、明け渡し期限の2日前になっても、天璋院は「江戸城を明け渡した後、どの城に住むのか」「知行を削られたら、旗本や御家人は養えない。旗本らが不安を抱くのは当然です」と言い張り、江戸城から出ようとしなかった。

そこで、幕府側は、明け渡し期限の延期を申し入れるが、新政府側に拒否される。困った老中たちは、最終手段として「3日間だけお立ち退きください」とウソを言って説得。天璋院は「3日だけならよかろう」と承諾して、3日分の衣装などを用意、ようやく立ち退いたのだった。その後、天璋院が再び江戸城へ戻ることはなく、こうして大奥の歴史に幕が下りた。

その後、田安亀之助が、徳川家達《いえさと》として徳川宗家を継ぐことが認められ、千駄ヶ谷に屋敷（現在の東京体育館あたり）を与えられると、天璋院もそこへ移った。徳川家を存続させ、家達の教育を担当するためである。また、私財を切り崩しながら、天璋院に従った女性たちの面倒を見続けたという。そして、明治16年（1883）11月20日、徳川家達の屋敷で48年の生涯を閉じた。

天璋院は維新後も、故郷の薩摩に戻らなかったばかりか、島津家を経済的に頼ることもなく、死ぬまで徳川家の人間として生きたのだった。

イギリスの名外交官
アーネスト・サトウのその後は？

『一外交官の見た明治維新』の著者として知られるイギリス人のアーネスト・サトウ。彼が初めて来日したのは、文久2年（1862）8月15日のことだった。イギリス駐日公使館の通訳見習いとして、かねて興味をもっていた日本にやってきたのだが、1週間もたたないうちに、イギリス人が島津久光の行列の供回りに斬り殺されるという生麦事件が勃発。翌年には、薩英戦争に立会い、さらに次の年には、四国艦隊下関砲撃事件にも立ち会った。

その後、通訳官、日本語書記官へと昇進したサトウは、23歳となる慶応2年（1

866)、『週刊ジャパン・タイムズ』に匿名で「英国策論」という論文を発表した。そのなかで彼は、「将軍は大名たちの盟主であっても、元首ではなく、幕府は公式政府ではない。したがって、幕府と外交交渉を行うことは無意味であり、イギリスとしては、天皇を奉戴する雄藩連合の後押しをし、日本の政治形態を一新させ、対日交易の円滑化を図るべきだ」と主張した。

まさに、その後の英国の対日外交の基本指針となる見解だった。この記事は日本語訳され、西郷隆盛も目を通していたという。

その2年後、サトウは明治維新を目撃。さらに、外交官として他の諸国に赴任した後、4度目に来日した明治28年(1895)には、駐日特命全権公使にまで出世していた。そして、日英同盟の締結交渉にあたる。45年間の英国外務省勤務のうち、約半分を日本で過ごした外交官人生だった。

引退後は、イギリス南西部にあるデボンシャーの小さな村に住み、読書とガーデニングを趣味としながら、書物を著して日本を紹介しつづけた。とくに、サトウが集めた日本のイエズス会に関する資料は、その後のキリシタン研究に大きな影響を与えた。こうした功績から、サトウは、イギリスにおける日本学の祖といわれている。プライベートでは独身を通し、昭和4年（1929）まで生きて、86歳で生涯を終えている。

「サトウ」という姓は、イギリス人としては珍しい姓で、ドイツ系スウェーデン人の父親から受け継いだもの。日本の佐藤姓とはまったく関係はないのだが、日本人になじみやすい姓だったことで、ずいぶん得をしたと語り、「アーネスト・サトウ」を漢字で「佐藤愛之助」と書くこともあった。

明治・大正・昭和

新政府が「遷都」を明言できなかった経緯は？

6

This book collects a series of
behind-the-scenes incidents
from Japanese history.

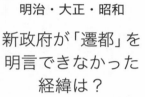

「五箇条の御誓文」を書いたのは誰？

慶応4年（1868）3月14日、西郷隆盛と勝海舟が会談し、江戸城を無血開城することで合意した。それと同じ日、京都では、新政府によって「五箇条の御誓文」が発表された。明治天皇が、天地神明と皇室祖先に対して誓うかたちで、新政府による国家の基本方針が次の五箇条により打ち出された。

1 広く会議を興し、万機公論に決すべし
2 上下心を一にして、盛に経綸を行うべし
3 官武一途庶民に至るまで各其の志を遂げ、人心をして倦まざらしめんことを要す
4 旧来の陋習を破り、天地の公道に基くべし
5 知識を世界に求め大に皇基を振起すべし

この原案を書いたのは、福井藩出身の参与・由利公正だった。由利は、原案にあたる「議事之体大意」を起案して岩倉具視に提出。その由利案では、「庶民志を遂

げ、人心をして倦まざらしむるを欲す」と、庶民を主役とする国家構想が鮮明に打ち出されていた。また、「徴士（民選議員のこと）期限をもって賢才に譲るべし」と、かつて横井小楠が主張していた「民主的議会制度」の導入をイメージしており、かなり進歩的な内容になっていた。

その文言を修正したのは、土佐藩の福岡孝弟《たかちか》だった。福岡は、第一条の冒頭に「列侯会議（諸大名による会議）を興し」と書き加え、諸大名から庶民までを含む列侯会議を開設する方針を打ち出した。列侯会議による政権運営は、公議政体論を持論とする土佐藩の考え方である。

さらに、福岡は、発表の形式として、天皇と諸侯がともに会盟（盟約を結ぶこと）を約束する形を提案した。しかし、それは天皇と諸大名を対等に扱うものだという、批判を浴びた。

そこで、木戸孝允（桂小五郎）が、「列侯会議を興し」を「広く会議を興し」と修正し、政策審議機関の構成員については、とくに明記しないことにした。さらに、三条実美、岩倉具視、木戸孝允の3人で内容をさらに検討し、そうしてできた五箇条が、明治天皇の裁可を受け、天下に布告された。

新政府が「遷都」を明言できなかった経緯は？

慶応4年（1868）9月8日、元号が「慶応」から「明治」に改められた。「明治」という名は、中国古典の『易経』に由来し、それ以前の改元のさい、江戸時代だけでも8回、さかのぼれば計10回も元号の候補となっていた。

この改元にあたって、太政官（明治新政府）は、その後、元号は一代に一つという「一世一元」を布告し、しばしば改元してきたそれまでの制度とは一線を画した。

そして、改元後の9月20日、明治天皇が東京へ行幸すると、すでに呼び名が「江戸城」から「東京城」へ改められていた現在の皇居へ入った。12月、天皇はいったん京都へ戻るが、翌年の3月、再び東京城へ入り、以降、京都には戻らなかった。正式な遷都の詔が出たわけではなかったが、これで東京が事実上の首都となった。

都を京都から遷そうという声は、幕末からあって、新政府内では、遷都を行おうという声がさらに高まっていた。当初、遷都先としては大坂が有力だったが、公家を中心に遷都反対派の声が高まり、大坂遷都論は勢いを失っていた。

その頃、前島密から、大久保利通に「江戸遷都論」が届けられる。その理由は、経済の中心地である大坂は、遷都しなくても衰退する心配はないが、江戸は都にしなければ衰退し、民心が離れかねない、だから江戸に都を遷すべきというものだった。

さらに、江藤新平らが、佐賀藩の藩論として、「東西両都」の建白書を岩倉具視に提出した。東日本をしっかり統治するため、江戸を「東京」と改めて、拠点の一つとするという主張だった。

その意見は遷都ではないため、遷都反対の保守派にも受け入れやすい考え方だった。江戸が東の京を意味する「東京」に改められたのは、この意見を踏まえてのことだった。

その後、新政府は事実上、東京に遷都することを決めるが、反対者が多かったため、以後、正式の遷都が宣言されないまま、首都機能の東京移転が進められることになった。

太陽暦に切りかえた経緯は？

江戸時代、日本では旧暦（太陰太陽暦）を使っていた。1年を354日、19年に7回の割合で閏月《うるうづき》を設け、1年を13か月とする暦である。

しかし、旧暦には、ひじょうに不便な点があった。現在使われている太陽暦では、どの月が「大の月」「小の月」になるかが決まっているが、旧暦では、年ごとにそのルールが変わっていたのだ。

そのため、人々は毎年、暦（今のカレンダー）を買う必要があった。暦がなければ、その年の何月が大の月で、何月か小の月か、わからなかったからである。

そこで、新政府は明治5年（1872）12月3日、旧暦を廃止し、太陽暦への変更に踏み切る。具体的には、その年の12月3日が、翌年の元日になったのである。

そのような年末に、明治政府はなぜ暦を変更したのだろうか？

むろん、不便だったことが第一の理由だが、もう一つ、そこには財政的な事情もあった。翌年の明治6年には閏月があり、1年が13か月だった。つまり、旧暦のままだと、新政府は、役人に13か月分の月給を支払う必要があったのだ。しかし、新暦に切り換えておけば、1年は12か月になるので、月給の支払いが一月分浮く。財政が逼迫していた明治政府は、そんな懐事情もあって、太陰太陽暦から太陽暦への切り替えを急いだというわけだ。

岩倉遣欧使節団をロシアでもてなした日本人がいたのは？

新政府は明治4年（1871）、岩倉具視を正使とする「岩倉使節団」を欧米諸国に派遣した。

使節団は、政府首脳や留学生ら、総員107名。横浜港を出航し、最初の訪問地のアメリカに約8か月滞在した。その後、大西洋を渡り、イギリスからフランス、オランダ、ベルギー、ドイツを経由して、ロシアを訪ねた。ロシアの当時の首都サンクトペテルブルクに到着したときには、日本を出発してから1年以上が経過していた。

岩倉使節団は、ロシアで手厚い歓迎を受ける。食事は和食中心で、箸が提供され、漬物まで添えられていた。当時のロシアが使節団を和食でもてなせたのは、「ヤマートフ(大和の男という意味)」と呼ばれた日本人がいたからである。

彼の本名は、橘耕斎。遠江掛川の生まれで、伊豆でロシア艦隊付きの中国語通訳と仲良くなり、日本地図や辞書の提供を手配した。その容疑で幕府役人に捕まったが、スキを見て逃げ出し、中国語通訳の計らいで、ロシア船に乗りこむことができた。

ところが、その船が、ロシアとクリミア戦争中だったイギリスに拿捕《だほ》され、彼はロンドンで2年間を過ごす。その後、ロシアへ送還され、岩倉使節団が訪れたときには、彼はすでにロシアで20年近い歳月を過ごしていた。

彼は、岩倉具視と面会したことで、望郷の念をおさえきれられなくなり、帰国を決意し、使節団とともに約20年ぶりに日本へ戻る。帰国後は、東京・芝の増上寺境内に庵を結び、ひっそりと暮らしたと伝えられる。

藩を廃止する「廃藩置県」に反対する大名はいなかったの？

明治4年（1871）7月、明治政府は藩を廃止し、かわりに県を置く「廃藩置県」を断行する。この措置により、各県にはそれまで藩主たちがつとめていた知藩事に代わり、中央政府から派遣される県令が置かれることになった。失職した旧藩主たちには、東京への移住が命じられた。

この改革は、旧藩主たちの権限を完全に奪うことから、王政復古につぐ「第二のクーデター」ともいわれる。また、平安時代後期から続いてきた、特定の領主が領地や人民を支配する土地のあり方を根本的に変えるもので、明治維新における最大の改革でもあった。

明治政府は、この大改革に対する藩主らの反発を予想し、薩長土3藩を中心とする御親兵約1万人を東京に集め、旧藩主らの反抗に備えた。しかし、少なくとも表向きには廃藩置県に異を唱えるものは一人も現れなかった。彼らは統治者としての権利を剥奪されるかわりに、旧藩士への家禄の支給はもちろん、藩の抱える借金を政府に肩代わりしてもらえ、さらに自分たちの収入を政府から保障されていたからだ。旧藩主たちにとって失うものが少ない改革だったことが、スムーズに行われた理由といえる。

皇居に江戸時代の「建物」が残らなかったのはどうして？

明治6年（1873）5月5日の深夜1時すぎ、皇居内で火事が起きた。当夜、強風が吹いていたこともあって、消し止めたのは、明け方の4時半頃。小御所や御学問所など、多数の建物が燃えた。天皇・皇后は、この火事の後、しばらくの間、赤坂離宮へと移り住むことになった。

その出火原因は、何だったのだろうか？　出火元は、女官宿舎にあった物置で、原因は灰の不始末だったとみられている。灰を完全に冷やさないままに物置に置いたため、深夜になって周囲に燃え移ったとみられるのだ。

さらに、その灰を調べたところ、女官たちが燃やしたものは、藁だったこともわかっている。京都の御所以来の習慣で、皇居では藁を燃料にしていたのだ。この長年の習慣があだとなって、皇居は火の海に包まれたのである。

この火事で、旧江戸城内の徳川幕府の痕跡は、その建物も消えることになった。

銀座で発生した煉瓦アレルギーとは？

江戸期の繁華街というと、日本橋や京橋あたりで、銀座は職人が住む町だった。銀座が繁華街になるのは、明治５年（１８７２）の大火以降のことである。

その大火では、和田倉門内の兵部省添屋敷から出火し、銀座一帯が焼け野原となった。その後、大規模な区画整理が行われ、アイルランド出身のお雇い外国人トーマス・ウォートルスの設計で、銀座に煉瓦街が建設された。

それでも、銀座がすぐに繁華街に生まれ変わったわけではなかった。もともと、銀座に住んでいた職人や小商いの商人らが、煉瓦造りの建物を嫌がったからである。「あそこに入ると、脚気にかかる」、「商品がサビたり、カビだらけになって売れない」というような流言が飛び交ったのだ。

また、煉瓦造りの家屋は、払い下げ価格が高かったので、もともとの住人の職人らに購入できる者は少なかった。そこで、かつての住人が他の場所へ移り、代わりに郊外や地方から新たな商人がやってきて、煉瓦街の住民になった。そのため、今「銀座の老舗」といわれる店も、大半は明治以降に銀座へ進出してきた店である。

その後、オシャレな煉瓦街にひかれて、山の手の比較的裕福な客が集まるようになっていくが、それでも銀座が日本一の繁華街になるのは、関東大震災（1923年）後、丸の内がビル街となった以降のことである。

帝国議会をめぐる〝黒い噂〟の真相は？

第一回の帝国議会は明治23年（1890）、日比谷に建設された仮の議事堂で開かれた。そこに、第一回の総選挙によって選ばれた衆議院議員300人と、皇族・

華族から選出された貴族院議員252人が参集した。

当時、総理大臣だった山県有朋は、陸海軍に巨額を割り当てる予算を組もうとしていた。多くの衆議院議員は、それに反対し、大規模減税を求める。初の帝国議会は予算をめぐって紛糾することになったが、最後はワイロがばらまかれ、国家予算が成立することになる。

その経緯を振り返ると、まず議会に先立つ第一回総選挙では、300議席のうち、自由党が135議席、改進党が43議席と、自由民権運動を推進してきた両党が圧勝し、衆議院の3分の2近くを占めた。

一方、政府（内閣）は、首相の山県をはじめ、閣僚のほとんどが薩長土肥出身の藩閥政治家であり、議員ではなかった。選挙で選ばれた議会と藩閥政府には、接点が乏しかったのである。

そこで、政府は、議会の切り崩しを図る。政府側は自由党の一部に接近し、ワイロを渡す。彼らが最終的に政府側に寝返って、予算は成立した。

同じ自由党内でも、議会政治の理想を追い求めていた中江兆民ら主流派は、ワイロを受け取ろうとしなかった。そのため、仲間が寝返ったことを知った中江兆民は激怒し、ただちに衆議院議員を辞職、政治の世界へ二度と戻らなかった。

「日露戦争の勝因は和紙にあった」といわれるのは?

日露戦争前、ロシアは南下政策をとり、満州に進出、朝鮮を脅かそうとしていた。明治政府は、これに対して宣戦布告。陸軍を中国大陸に進出させ、旅順や奉天といった要所を占領する。そして、明治38年(1905)5月、日本海での戦いで、日本海軍は、ロシアのバルチック艦隊を打ち破ったのだった。

その日本海海戦で、日本海軍が大勝できたのは「和紙」のおかげだったという話がある。日露戦争当時、日本海軍は、砲弾火薬に爆発力の強い「下瀬火薬」を採用していた。この「下瀬火薬」は、火薬の専門家である下瀬雅允《まさちか》が開発したもので、主成分としてピクリン酸が使われていた。

ピクリン酸は、黒色火薬の75倍の爆発力をもつが、鉄と化合すると不安定になるという性質があり、威力のある砲弾を完成させるには、鉄製の弾丸と火薬とをどう遮断するかが課題になっていた。下瀬はあるとき、弾丸内部に耐酸性をもつ漆を塗り、ピクリン酸を和紙でくるむことを思いつく。そうして、爆発力の強い砲弾の開発に成功したのである。

期待通り、下瀬火薬は、日本海海戦で絶大な威力を発揮した。その威力を支えていたのは、弾丸内部に仕込まれた和紙だったというわけである。

ちなみに、この海戦では、日本の連合艦隊がバルチック艦隊を「全滅」させたように語られるが、総計50隻の大艦隊のうち、駆逐艦2隻と巡洋艦1隻が、ウラジオストクまでたどりつき、他にも中立港に逃げ込んだ船もあった。

東郷平八郎のその後は?

日本海海戦時、連合艦隊司令長官をつとめた東郷平八郎は、戦後、英雄にまつり上げられるが、本人はいたって実直な性格で、質実・質素を信条としていた。

晩年の邸宅は千代田区麹町にあったが、トタン張りの塀で囲まれた住居は、およそ英雄にはふさわしくないものだった。大正6年（1917）、セオドア・ルーズベルト元アメリカ大統領の命を受けて、東郷を自宅に訪ねたウォルター・ワイル博士は、「ネルソン以来の海戦史上の英雄である東郷元帥が、こんな素朴な家に暮らしているとは。まるでフランスの老農夫のようだ」と驚いたという。

趣味といえば、盆栽いじり、愛刀の手入れ、それから妻のテツを相手に打つ碁だった。ときに「待った」「待てません」などと言い合う睦まじい一面もあったという。そして、日本が新たな戦争の時代に向かっていた昭和9年（1934）、88歳で死去した。

高橋是清はなぜアメリカで奴隷にされたのか？

高橋是清《これきよ》は、明治時代には日銀総裁として活躍。大正時代から昭和にかけては、首相や大蔵大臣として政府の中枢を担った人物。とりわけ、昭和初めの世界恐慌に対して、金輸出再禁止や政府支出の増額などで、日本経済をデフレから世界最速で脱出させた手腕が高く評価されている。

日本の政治家のなかでも指折りの経済通だった高橋だが、アメリカ留学時代、うっかりサインしたため、奴隷にされたことがある。

高橋是清は嘉永7年（1854）、幕府の御用絵師・川村庄右衛門と、その家の奉公人のきんとの間に生まれた。父が47歳、が母きんが16歳のときの子供だった。そんな事情だったため、生後まもなく、仙台藩の高橋覚治の養子となる。

是清は若い頃から、横浜のアメリカ人医師ヘボンの私塾で学び、13歳となった慶応3年（1867）、藩の命令で、アメリカのサンフランシスコに留学した。

サンフランシスコでは、横浜在住のアメリカ人貿易商ユージン・ヴァン・リードの紹介で、彼の両親のリード老夫妻のもとにホームステイして、英語の勉強をはじめた。ところが、リード老夫妻は、高橋に何かと用事をいいつけ、高橋はろくに勉強できなかった。是清が文句をいうと、「では、別の家に代われ」と、書類にサインを求められた。

高橋は、その契約書（むろん英文）をろくに読まずにサインし、オークランドのブラウン家に移るが、そこで高橋は仰天する。その書類は人身売買契約書で、是清は奴隷として売り払われていたのだった。是清は、牧場やぶどう園で働かされ、いくつかの家を転々としながら、何とか1年間を乗り切った。

是清は明治維新後の明治元年（1868）に帰国。サンフランシスコ滞在中に知り合った森有礼《ありのり》に勧められて文部省に入り、官僚としてのキャリアを積みはじめることになる。

樋口一葉と夏目漱石の〝幻の縁談話〟は文学史をどう変えた？

明治の女流作家・樋口一葉は、24歳の若さでこの世を去った。一葉は早すぎる晩年に文才を咲かせたが、歴史に「もし」があるなら、別の人生を送っていたかもしれない。というのも、一葉には夏目金之助（後の漱石）との縁談話があったのだ。

一葉の父・則義は、警視庁に勤務していたが、その職場の上司に、夏目漱石の父・直克がいた。夏目直克は、樋口則義の仕事ぶりを認め、重用した。ついには、樋口の娘である一葉を、自分の息子の嫁にと考えるようになったのだ。

当時、夏目家には、三男の直矩と五男の金之助がいた。父・直克は三男の嫁にと考えたのだろうが、五男の金之助でも問題はなかったはずだ。漱石は一葉よりも5歳歳上だから、二人が結婚してもおかしくはなかった。

だが、その縁談は一方的に立ち消えてしまった。結局、漱石の父・直克は、その思いつきを樋口家に正式に伝えなかったのだ。

その理由は、一葉の父・則義の借金癖である。則義は、一介の役人であることに満足できず、土地の売買や金融業に手を出していた。そのための資金が必要で、上司である夏目直克にも借金をしていた。夏目直克は、もし樋口家と親戚になれば、もっと借金を依頼されそうだと考え、正式の縁談にはしなかったのである。そのため、この縁談を一葉が知ることはなく、夏目家側のみが知っている話となった。

その後、一葉の父・則義は、彼女が17歳のときに、借金を残したまま死去。彼女は女戸主として一家を支えなければならなくなり、職業作家として稼ぐ決意をする。

なお、夏目漱石が『吾輩は猫である』によって作家デビューするのは、38歳のときのこと。すでに、樋口一葉が没してから、9年がたっていた。

二・二六事件に参加した兵士たちのその後の「足どり」は？

昭和11年（1936）2月26日、陸軍皇道派の青年将校らが、1483名の兵を率いて決起。首相官邸に岡田啓介《けいすけ》首相（本人は脱出に成功、義弟が犠牲に）を襲い、高橋是清蔵相（死亡）や斎藤実《まこと》内大臣（死亡）らの私邸を襲撃したうえで、東京の中心を軍事占拠、軍首脳を通じて昭和天皇に「昭和維新」を訴えた。

決起の中心となった陸軍皇道派とは、陸軍の派閥の一つで、青年将校たちは武力をもって元老重臣を殺害すれば、昭和天皇による親政が実現し、政財界の癒着を断ち切り、深刻な不況などの現状を打破できると考えていた。

しかし、軍と政府は、武力鎮圧を決意、決起隊を包囲して投降を呼びかける。青年将校のほとんどは投降に応じ、法廷闘争へと方針を転換した。

裁判では、事件の裏には、皇道派の大将クラスが存在するのではないかとみられたが、「血気にはやる青年将校が、偏った思想を吹き込まれて暴走した」という形で、決着が図られた。

軍法会議の結果、青年将校を含め、思想的指導者だった北一輝《きたいっき》ら19人が処刑（銃殺）される。その一方で、促されるままに参加した兵卒たちは原隊に戻り、罪に問われなかった。じっさい、彼らは直接の上官の命令に従うまま、出動しただけで、青年将校らの思想とは無縁だった。後の人間国宝、落語家の5代目柳家小さんも、そういう兵士の一人だった。

しかし、原隊にもどった彼らを待っていたのは、翌昭和12年（1937）7月に勃発する日中戦争だった。二・二六事件の主力だった第一師団は、激戦の華北に投入された。その最前線で、彼らは連隊長らから「貴様たち、これが汚名返上の機会だぞ」と怒鳴られ、白兵戦のなかで、多数が戦死した。

所得倍増計画で
本当に所得は倍増した？

日中戦争から太平洋戦争へと突き進んだ日本は、昭和20年（1945）8月に敗戦。新しい時代は戦後復興からスタートした。それから15年、昭和35年（１９６０）９月に池田勇人首相は、「国民所得倍増計画」を閣議決定する。これは、「１９６１年からの10年間で、日本のＧＮＰ（国民総生産）を２倍にしよう」という計画だった。池田首相は同年11月、所得倍増計画を看板に掲げて総選挙に挑み、自民党は圧勝する。池田首相の側近には、経済通で知られる宮沢喜一（のちの首相）がいたし、大蔵省の理論派といわれた下村治らが加わり、計画を練った。下村は一国には急速な経済発展を遂げる時代があると考え、適切な経済政策をとれば、日本ではそれが今から起きると考えた。

じつは、日本の高度経済成長は、池田内閣以前の昭和30年（１９５５）からはじまっていた。所得倍増計画は、その成長をさらに加速させようというものだった。

池田首相の経済政策下、大規模な公共投資が行われ、企業は設備投資を重ねた。その後の日本経済は、昭和40年（１９６５）に証券不況に見舞われるが、すぐに復活、経済成長は続いた。所得は、10年も待たずして倍増し、昭和44年（１９６９）には、国民総生産世界二位の経済大国になった。

■参考文献

「日本の歴史」(小学館)／「100問100答日本の歴史」歴史教育者協議会編(河出書房新社)／「日本史用語集」全国歴史教育研究協議会編／「山川 詳説日本史図録」(第2版)詳説日本史図録編集委員会編(以上、山川出版社)／「戦国武将ものしり事典」奈良本辰也監修／「不思議日本史」南條範夫監修(以上、主婦と生活社)／「戦国ものしり101の考証」稲垣史生／(KKロングセラーズ)／「日本の合戦なぜなぜ百貨店」／「日本史知ってるつもり」／「日本史・疑惑の重大事件100」(以上、人物往来社)／「にっぽん歴史秘話」秋吉茂(河出文庫)／「異説日本人物事典」桑田忠親監修／「異説日本史事典」樋口清之監修(以上、三省堂)／「目からウロコの戦国時代」谷口克広(PHP)／「大化改新」遠山美都男(中公新書)／「幕末・維新おもしろ事典」奈良本辰也監修(三笠書房)／「戦国暗殺史」／「幕末暗殺史」森川哲郎(三一新書)／「戦国合戦事典」小和田哲男編著(三省堂)／「織田信長合戦全録」谷口克広(中公新書)「日本列島なぞふしぎ旅」山本鉱太郎(新人物往来社)／「江戸を知る事典」加藤貴編(東京堂出版)／「考証江戸事典」南條範夫編(人物往来社)／「大江戸意外なはなし366日事典」大石学(講談社α文庫)／「時代劇のウソ・ホント」笹間良彦(遊子館)／「日本史の謎と素顔」佐治芳彦(日本文芸社)／「皇室事典」皇室事典編集委員会編著(株式会社角川グループパブリッシング)／「クロニック戦国全史」池上裕子・小和田哲男・小林清治・池 享・黒川直則編集(株式会社講談社)／「新国語便覧」稲賀敬二・竹盛天雄・森野繁夫監修(第一学習社)／「日本史その後どうしたどうなった？」「日本史有名人の晩年」「日本史有名人の少年時代」「日本史有名人の苦節時代」（以上、新人物往来社）／「目からウロコの江戸時代」武田櫂太郎（ＰＨＰ）／「江戸ものしり４７５の考証」稲垣史生（ＫＫロングセラーズ）／「日本の歴史・合戦おもしろ話」小和田哲男（三笠書房）／「日本合戦史１００話」鈴木亨（中公文庫）／「３日でわかる戦国史」武光誠監修・ダイヤモンド社編（ダイヤモンド社）／「図説幕末・維新おもしろ事典」奈良本辰也監修（三笠書房）／「不思議日本史」南條範夫監修（主婦と生活社）／ほか

※本書は、『ここが一番おもしろい世界史と日本史裏話大全』（青春出版社／２０１５）、『裏から読めば謎が解ける！　日本史と中国史の大疑問』（同／２０１１）、『京都と奈良歴史のツボがわかる本』（同／２０１０）、『なぜか語られなかった日本史の意外な顛末』（同／２００９）に新たな情報を加え、改題の上、再編集したものです。

青春文庫

9割《わり》が答《こた》えに詰《つ》まる日本史《にほんし》の裏面《りめん》

2023年12月20日　第1刷

編　者　歴史《れきし》の謎研究会《なぞけんきゅうかい》

発行者　小澤源太郎

責任編集　株式会社プライム涌光

発行所　株式会社青春出版社

〒162-0056　東京都新宿区若松町 12-1
電話 03-3203-2850（編集部）
03-3207-1916（営業部）
振替番号　00190-7-98602

印刷／大日本印刷
製本／ナショナル製本

ISBN 978-4-413-29841-4

万一、落丁、乱丁がありました節は、お取りかえします。

ほんとうのあなたに出逢う ◆ 青春文庫

数字に強い人のすごい考え方

頭のいい人がモノを判断するときに、一番大事にしていること——。この〝数字の感覚〟があれば、もっと快適に生きられる！

話題の達人倶楽部［編］

（SE-839）

歴史の歯車をまわした 発明と発見 その衝撃に立ち会う本

新しい〝世界〟が誕生する瞬間とは？ 読めば、人類の歩みを〝追体験〟して、未来が見えてくる！

おもしろ世界史学会［編］

（SE-840）

9割が答えに詰まる 日本史の裏面

日本史の舞台裏で起きたこと、すべて集めました。「謎解き」を通して、歴史の醍醐味をとことん味わう本

歴史の謎研究会［編］

（SE-841）

読み出したらとまらない 世界史の裏面

舞台裏から見ると、歴史はもっと深くなる——。躍動する人間ドラマを知ると、大人の教養が自然と身につく。

歴史の謎研究会［編］

（SE-842）